서울대 한국어+ Workbook

서울대학교 언어교육원 지음

장소원 | 김수영 | 김미숙 | 백승주

1A

서울대학교출판문화원

머리말
Preface

《서울대 한국어⁺ Workbook 1A》는 《서울대 한국어⁺ Student's Book 1A》의 부교재로, 주교재로 이루어지는 학습을 보완하기 위해 개발되었습니다. 어휘와 문법을 다양한 상황 속에서 연습해 보고 복습 단원을 통해 종합적으로 정리해 볼 수 있도록 하였습니다.

어휘는 사용 영역과 환경을 고려한 문제를 제시함으로써 실질적인 사용에 잘 활용될 수 있도록 하였고, 초급 과정에서 한국어를 배우면서 문장을 구성할 때, 더 나아가 담화를 구성할 때 목표 문법을 정확히 활용할 수 있도록 배려하였습니다. 이때 어휘와 문법이 포함된 문장이나 대화는 기계적인 연습에서 시작하여 실제 상황에서 활용할 수 있는 유의미한 대화로 연계될 수 있도록 함으로써 교실에서의 학습이 실제 언어 사용으로 바로 연결되도록 하였습니다.

또한 두 단원마다 복습 단원을 배치함으로써 학습 내용을 점검하고 정리할 수 있도록 하였는데, 복습 단원에는 TOPIK 형식의 어휘와 문법을 익히는 문제, 듣기 문제, 읽기 및 쓰기 문제, 말하기 활동과 발음 복습 등을 담아 과별로 익힌 언어 지식을 확인함과 동시에 통합적인 복습을 하는 단계로 활용되게 하였습니다.

이 책이 나오기까지 정말 많은 분들의 노력과 수고가 있었습니다. 1~6급 교재의 개발을 위한 사전 연구부터 시작해서 전체적인 작업을 총괄해 주신 서울대학교 국어국문학과 장소원 교수님, 1급 주교재와 워크북의 집필을 총괄한 김수영 교수님과 김미숙, 백승주 선생님의 노고에 진심으로 감사드립니다. 또 1급 워크북 전권의 내용을 일일이 감수해 주신 김은애 교수님, 영어 번역을 맡아 주신 이소명 번역가와 번역 감수를 맡아 주신 UCLA 손성옥 교수님, 그리고 멋진 삽화 작업으로 빛나는 책을 만들어 주신 ㈜예성크리에이티브 분들 그리고 녹음을 담당해 주신 성우 김성연, 이상운 선생님께도 감사드립니다. 1급 워크북의 문제들을 하나하나 풀며 검토해 주신 송지현, 이수정 선생님과 2022년 봄학기에 미리 샘플 단원을 사용한 후 소중한 의견을 주신 1급의 강수빈, 강은숙, 민유미, 신윤희, 이수정, 조은주, 하승현, 현혜미 선생님께도 진심으로 감사의 말씀을 드립니다. 마지막으로 한국어 교재의 출판을 결정하고 물심양면으로 지원해 주신 서울대학교출판문화원 이준웅 원장님과, 힘든 과정을 감수하신 관계자분들께 깊이 감사드립니다.

2022년 8월
서울대학교 언어교육원 원장
이호영

SNU Korean⁺ Workbook 1A is a supplementary material to complement *SNU Korean⁺ Student's Book 1A*. Learners can practice vocabulary and grammar in a variety of situations and comprehensively learn through the review units.

By presenting challenges related to proper usage, the vocabulary is applied practically. When studying Korean in the beginner's course, consideration was placed on applying the target grammar correctly when forming sentences and, more importantly, when constructing discourse. Sentences or conversations comprised of vocabulary and grammar begin with repetitive exercises and progress to meaningful conversations that can be utilized in real-world scenarios, so that learning in the classroom is directly related to language use outside the classroom.

Additionally, regular review units are included every 2 units to allow students to check and organize their learning. The review unit includes TOPIK-style vocabulary and grammar learning problems; listening, reading, and writing problems; speaking activities; and pronunciation review. It serves as an integrated review while confirming comprehension of the language.

A lot of dedication and hard work went into the publication of this book. I would like to express my sincerest gratitude to Seoul National University Professor Chang Sowon at the Department of Korean Language and Literature, for overseeing the entire project, beginning with the preliminary research for the development of *SNU Korean⁺* Levels 1-6; Seoul National University LEI Professor Kim Sooyoung, for coordinating the authoring of *SNU Korean⁺ Student's Book 1A/1B* and *SNU Korean⁺ Workbook 1A/1B*; and Seoul National University LEI Instructors Kim Misook and Baek Seungjoo, for their efforts. I would also like to thank the supervisor, former Seoul National University LEI Professor Kim Eun Ae, for supervising the Level 1 contents, Lee Somyung for the English translation, UCLA Professor Sohn Sung-Ock for editing the translation, the YESUNG Creative artists for the stunning illustrations, voice actors Kim Seongyeon and Lee Sangun. Many thanks to Seoul National University LEI instructors Song Jihyun and Lee Sujeong for reviewing and solving each practice problem in *SNU Korean⁺ Workbook 1A/1B* along with Seoul National University LEI Level 1 Instructors Kang Subin, Kang Eunsook, Min Youmi, Shin Yoonhee, Lee Sujeong, Cho Eunjoo, Ha Seunghyun, and Hyun Hyemi, for providing insightful feedback after using the sample unit as a pilot in the spring semester of 2022. Lastly, a special thanks to Seoul National University Press Director June Woong Rhee for providing financial and spiritual support and deciding to publish these Korean textbooks, as well as everyone for working tirelessly on this project.

August 2022
Lee Hoyoung
Executive Director
Language Education Institute, Seoul National University

일러두기 How to Use This Book

《서울대 한국어+ Workbook 1A》는 《서울대 한국어+ Student's Book 1A》의 부교재로 1~8단원과 복습 1~4로 구성되었다. 각 단원은 두 과로 구성되어 있으며 각 과는 '어휘 연습', '문법과 표현 연습'으로 이루어져 있다. 복습은 '어휘, 문법과 표현, 듣기, 읽기, 쓰기, 말하기, 발음'으로 구성되어 있다.

SNU Korean+ Workbook 1A is a supplementary material to complement **SNU Korean+ Student's Book 1A**, and it is made up of Units 1-8 and Reviews 1-4. Each unit consists of two lessons, and each lesson has Vocabulary Practice and Grammar & Expression Practice. The review is composed of Vocabulary, Grammar & Expression, Listening, Reading, Writing, Speaking, and Pronunciation.

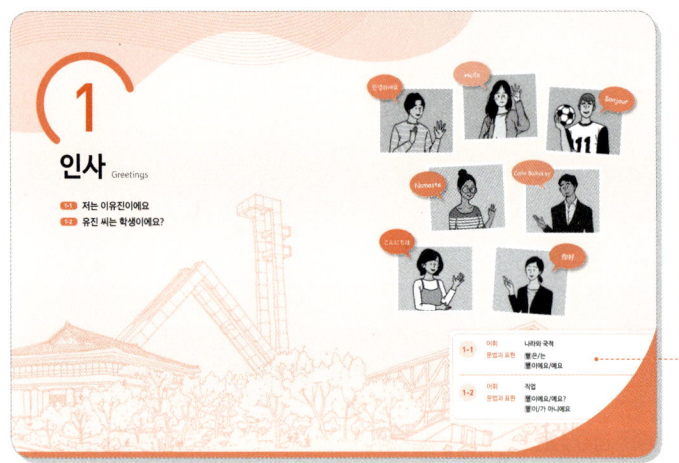

각 단원에서 학습 목표로 삼는 '어휘'와 '문법과 표현'을 제시하여 학습할 내용을 파악할 수 있도록 하였다.

Each unit presents Vocabulary and Grammar & Expression that are used as learning goals.

어휘 Vocabulary

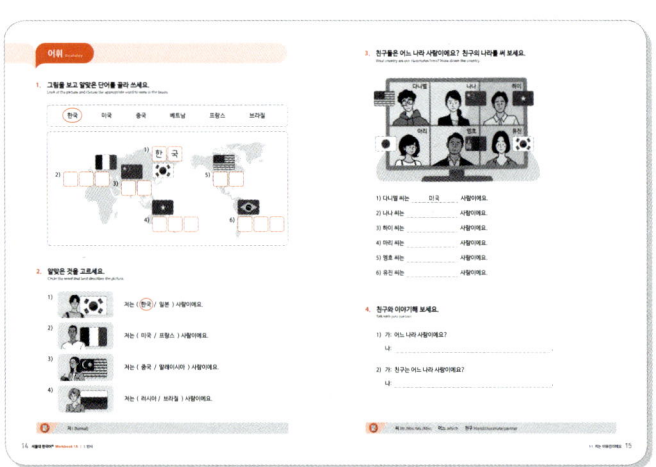

주제별로 선정된 목표 어휘의 의미를 확인하고, 사용법이나 언어 관계 등을 익히며, 문장이나 대화 단위의 어휘 연습을 통해 어휘 사용 능력을 향상시킨다.

For each topic, check the meaning of the target vocabulary that has been chosen, learn how to use it, relationships between words, and develop the learner's vocabulary through vocabulary practice in sentences or conversational units.

문법과 표현 Grammar & Expression

형태 연습부터 문장 연습, 대화 연습, 유의미한 연습까지 단계적으로 구성하였다.

The workbook is structured step-by-step, beginning with form practice, sentence practice, conversation practice, and meaningful practice.

형태 연습 Form Practice
목표 문법의 활용 형태를 연습하게 한다.

Learners will practice the usage form of the target grammar.

대화 연습 Conversation Practice
제시어나 그림을 활용하여 상황이 드러나는 짧은 대화를 구성하게 한다.

Learners will compose a short dialogue that describes the situation by using the suggested word or picture.

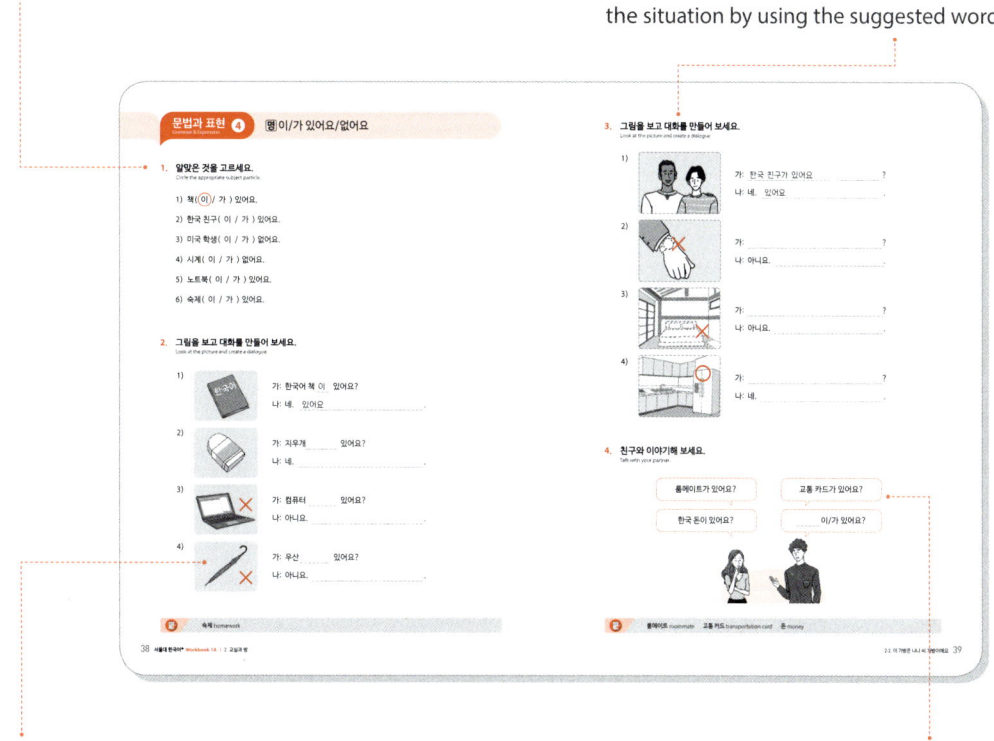

문장 연습 Sentence Practice
제시어나 그림을 활용하여 문장을 구성하게 한다.

Learners will create sentences using the suggested word or picture.

유의미한 연습 Meaningful Practice
문법을 활용할 수 있는 유의미한 상황을 제시하여 학습자들이 스스로 이야기해 볼 수 있도록 한다. 이러한 연습을 통해 문법 사용 능력과 의사소통 능력을 함께 향상시키고자 하였다.

By presenting meaningful situations in which grammar can be used, learners will be able to speak for themselves. Through these practices, we intend to help learners improve their grammar usage skills as well as their communication skills.

복습 Review

두 단원마다 제시되는 복습에서는 각 단원에서 학습한 내용과 연계하여 어휘, 문법과 표현, 듣기, 읽기, 쓰기, 말하기, 발음을 영역별로 복습할 수 있도록 구성하였다.

Vocabulary, Grammar & Expression, Listening, Reading, Writing, Speaking, and Pronunciation can be reviewed every 2 units in relation to the contents learned in each unit.

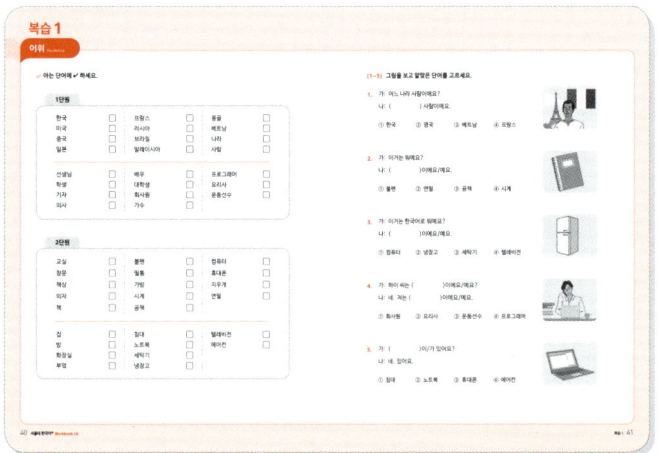

어휘 Vocabulary

목표 어휘 목록과 함께 문제를 제공하여 학습한 어휘를 재확인하고 연습할 수 있도록 하였다.

By providing questions along with a list of the target vocabulary, learners can confirm the vocabulary that they have learned.

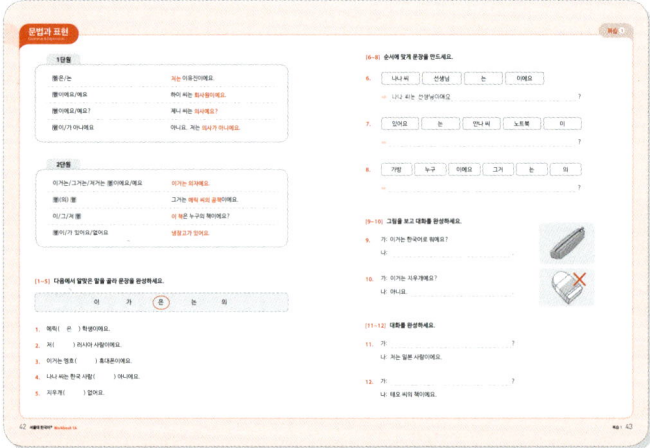

문법과 표현 Grammar & Expression

문법과 표현의 각 항목을 예문과 함께 제시하여 학습한 내용을 확인할 수 있도록 하였다. 또한 다양한 형태의 문제를 제공하여 각 항목의 의미와 용법을 재확인하고 연습할 수 있도록 하였다.

By outlining the grammar and expressions for each category along with sample sentences, it can help learners confirm the learning materials. Additionally, by offering a variety of questions, learners can verify the meaning and application of each category and practice them.

듣기 Listening

학습한 주제, 문법과 표현에 관련된 다양한 내용의 듣기 자료를 문제와 함께 제공하여 학습자의 이해 능력을 향상시키고자 하였다.

By providing listening materials of various content related to the learned topic, grammar and expressions along with questions, learners will be able to improve their comprehension skills.

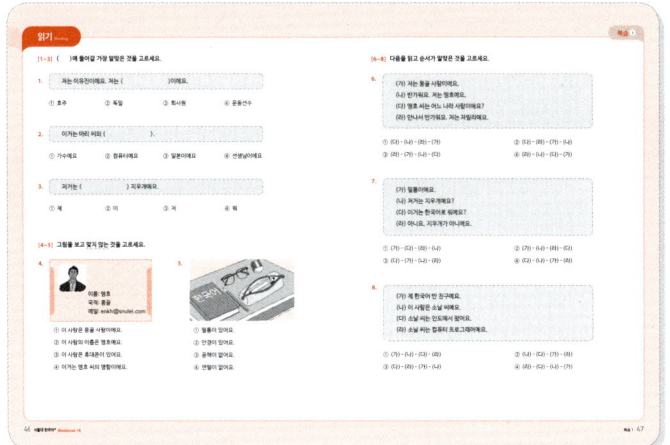

읽기 Reading

학습한 주제와 관련되거나 학습한 목표 어휘와 문법이 포함된 다양한 텍스트를 문제와 함께 제공하여 이해 능력을 향상시키고자 하였다.

By providing various texts related to the studied topic or including the learned target vocabulary and grammar with questions, learners will be able to improve their comprehension skills.

쓰기 Writing

읽기의 마지막 텍스트와 관련된 주제 중심의 쓰기 연습을 통해 담화 구성 능력을 향상시킬 수 있도록 하였다.

Through topic-oriented writing practice related to the last text of reading, learners will be able to improve their discourse construction skills.

말하기 Speaking

말하기 1: 학습한 문법과 표현을 사용하여 질문에 답을 하는 과정에서 문장 구성 능력을 기르도록 하였다.

Speaking 1: In the process of answering questions using the learned grammar and expressions, learners will be able to develop the ability to construct sentences.

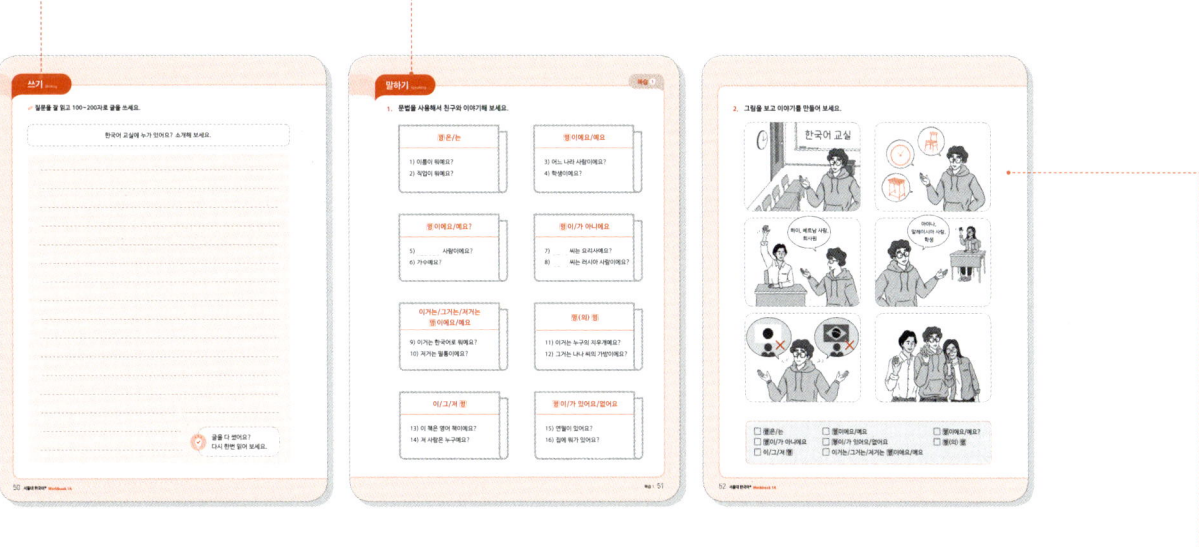

말하기 2: 그림을 보고 제시된 상황에 적절한 어휘와 문법을 사용하여 이야기를 만들어 보는 과정에서 담화 구성 능력을 기르도록 하였다.

Speaking 2: In the process of creating a story using vocabulary and grammar appropriate to the situation presented by looking at the pictures, learners can develop the ability to construct discourse.

발음 Pronunciation

학습한 발음을 정리하고 추가 연습을 제시하여 발음의 정확성을 향상시키고자 하였다.

By presenting a summary of the learned pronunciation and additional exercises, learners will be able to improve their accuracy in pronunciation.

부록 Appendix

'듣기 지문'과 '모범 답안'으로 구성된다.

The appendix consists of the Listening Script and Answer Key.

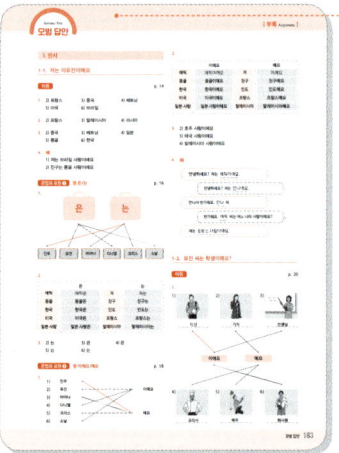

모범 답안 Answer Key

각 과의 '어휘, 문법과 표현' 문제, 복습의 '어휘, 문법과 표현, 듣기, 읽기, 말하기' 문제에 대한 모범 답안을 제공한다.

The answers are provided for each lesson's questions on Vocabulary, Grammar & Expression as well as the review for Vocabulary, Grammar & Expression, Listening, Reading, and Speaking.

듣기 지문 Listening Script

복습 듣기의 지문을 제공한다.

The scripts for the listening review are provided.

차례
Table of Contents

머리말 Preface		• 2
일러두기 How to Use This Book		• 4
교재 구성표 Scope and Sequence		• 10

1A

1단원	인사 Greetings	1-1. 저는 이유진이에요 I'm Yujin Lee	• 14
		1-2. 유진 씨는 학생이에요? Yujin, are you a student?	• 20
2단원	교실과 방 Classroom & Room	2-1. 이거는 시계예요 This is a clock	• 28
		2-2. 이 가방은 나나 씨 가방이에요 This is Nana's bag	• 34
복습 1 Review 1			• 40
3단원	가게 Store	3-1. 이 빵 하나 주세요 I would like this bread	• 56
		3-2. 집 앞에 편의점이 있어요 There's a convenience store in front of my house	• 62
4단원	일상생활 Everyday Life	4-1. 저는 한국어를 공부해요 I study Korean	• 70
		4-2. 오늘 회사에 가요 I'm going to work today	• 76
복습 2 Review 2			• 82
5단원	식당 Restaurant	5-1. 비빔밥하고 불고기가 맛있어요 The bibimbap and bulgogi are delicious	• 98
		5-2. 주스 세 병에 오천 원이에요 It's 5,000 won for 3 bottles of juice	• 104
6단원	날짜와 요일 Dates & Days of the Week	6-1. 토요일에 친구를 만나요 I'm meeting a friend on Saturday	• 112
		6-2. 친구들하고 밥을 먹을 거예요 I'm going to eat with friends	• 118
복습 3 Review 3			• 124
7단원	시간 Time	7-1. 보통 몇 시에 일어나요? What time do you usually get up?	• 140
		7-2. 어제 한강공원에 갔어요 I went to Hangang Park yesterday	• 146
8단원	날씨 Weather	8-1. 오늘 날씨가 어때요? How's the weather today?	• 154
		8-2. 토요일에는 비가 오고 조금 추워요 It's going to rain and will be a bit cold on Saturday	• 160
복습 4 Review 4			• 166

부록 Appendix	
듣기 지문 Listening Script	• 180
모범 답안 Answer Key	• 183

교재 구성표
Scope and Sequence

	단원 제목 Unit Title	어휘 Vocabulary	문법과 표현 Grammar & Expression
1. 인사 Greetings	1-1. 저는 이유진이에요 I'm Yujin Lee	나라와 국적 Country and nationality	• 명은/는 • 명이에요/예요
	1-2. 유진 씨는 학생이에요? Yujin, are you a student?	직업 Occupation	• 명이에요/예요? • 명이/가 아니에요
2. 교실과 방 Classroom & Room	2-1. 이거는 시계예요 This is a clock	교실과 물건 Classroom and items	• 이거는/그거는/저거는 명이에요/예요 • 명(의) 명
	2-2. 이 가방은 나나 씨 가방이에요 This is Nana's bag	장소와 물건 Place and items	• 이/그/저 명 • 명이/가 있어요/없어요
복습 1 Review 1			
3. 가게 Store	3-1. 이 빵 하나 주세요 I would like this bread	음식과 숫자 Food and number	• 명하고 명 • 명 주세요
	3-2. 집 앞에 편의점이 있어요 There's a convenience store in front of my house	위치 Location	• 명에 있어요/없어요 • 명 앞/뒤/옆/위/아래
4. 일상생활 Everyday Life	4-1. 저는 한국어를 공부해요 I study Korean	동사 ① Verb ①	• 동-아요/어요 • 명을/를
	4-2. 오늘 회사에 가요 I'm going to work today	장소 Place	• 명에 가다/오다 • 명에서
복습 2 Review 2			

	단원 제목 Unit Title	어휘 Vocabulary	문법과 표현 Grammar & Expression
5. 식당 Restaurant	5-1. 비빔밥하고 불고기가 맛있어요 The bibimbap and bulgogi are delicious	음식, 형용사 ① Food, Adjective ①	• 명이/가 형-아요/어요 • 안 동형
	5-2. 주스 세 병에 오천 원이에요 It's 5,000 won for 3 bottles of juice	개수와 가격 Count and price	• 명 개/병/잔/그릇 • 가격
6. 날짜와 요일 Dates & Days of the Week	6-1. 토요일에 친구를 만나요 I'm meeting a friend on Saturday	요일 Days of the week	• 명에 • 명도
	6-2. 친구들하고 밥을 먹을 거예요 I'm going to eat with friends	날짜, 동사 ② Date, Verb ②	• 동-(으)ㄹ 거예요 • 명만
복습 3 Review 3			
7. 시간 Time	7-1. 보통 몇 시에 일어나요? What time do you usually get up?	동사 ③, 부사 ① Verb ③, Adverb ①	• 시간 • 명부터 명까지
	7-2. 어제 한강공원에 갔어요 I went to Hangang Park yesterday	일상생활 Everyday life	• 동-고 • 동형-았어요/었어요
8. 날씨 Weather	8-1. 오늘 날씨가 어때요? How's the weather today?	날씨와 계절 Weather and seasons	• (같이) 동-아요/어요 • 동-(으)ㄹ까요?
	8-2. 토요일에는 비가 오고 조금 추워요 It's going to rain and will be a bit cold on Saturday	형용사 ② Adjective ②	• 'ㅂ' 불규칙 • 못 동
복습 4 Review 4			

1 인사 Greetings

1-1 저는 이유진이에요

1-2 유진 씨는 학생이에요?

1-1	어휘	나라와 국적
	문법과 표현	명은/는
		명이에요/예요
1-2	어휘	직업
	문법과 표현	명이에요/예요?
		명이/가 아니에요

어휘 Vocabulary

1. 그림을 보고 알맞은 단어를 골라 쓰세요.
Look at the picture and choose the appropriate word to write in the boxes.

| 한국 | 미국 | 중국 | 베트남 | 프랑스 | 브라질 |

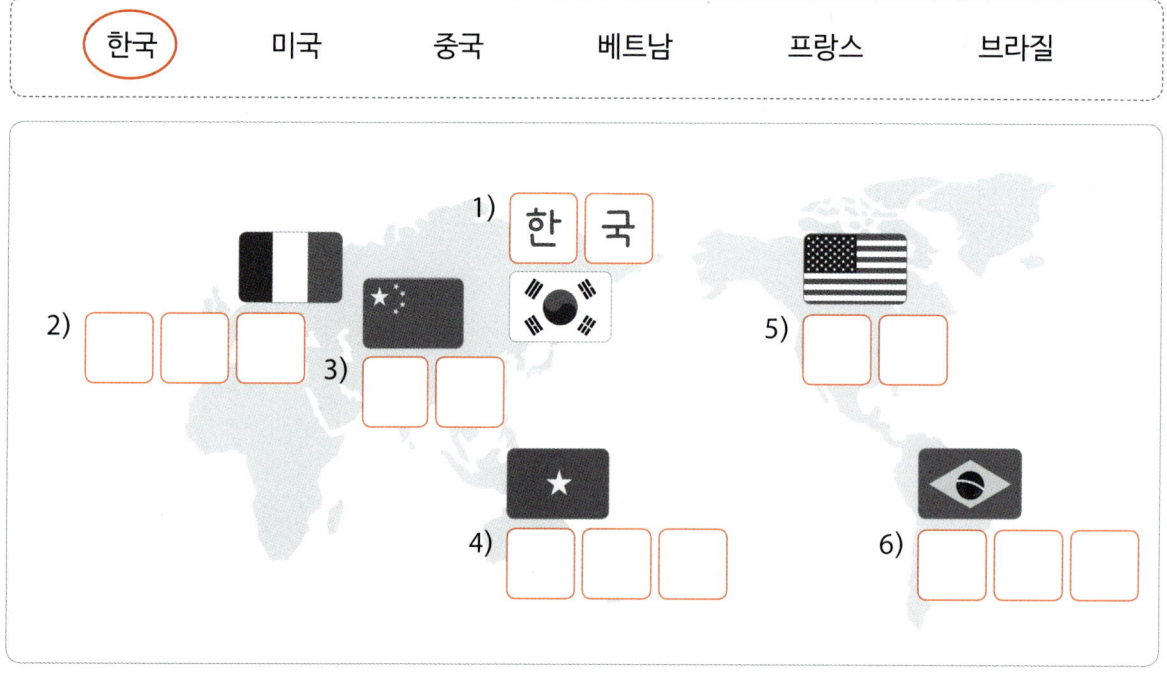

2. 알맞은 것을 고르세요.
Circle the word that best describes the picture.

1)  저는 (한국 / 일본) 사람이에요.

2)  저는 (미국 / 프랑스) 사람이에요.

3) 저는 (중국 / 말레이시아) 사람이에요.

4)  저는 (러시아 / 브라질) 사람이에요.

 저 I (formal)

3. 친구들은 어느 나라 사람이에요? 친구의 나라를 써 보세요.
What country are our classmates from? Write down the country.

1) 다니엘 씨는 미국 사람이에요.

2) 나나 씨는 _____ 사람이에요.

3) 하이 씨는 _____ 사람이에요.

4) 마리 씨는 _____ 사람이에요.

5) 엥흐 씨는 _____ 사람이에요.

6) 유진 씨는 _____ 사람이에요.

4. 친구와 이야기해 보세요.
Talk with your partner.

1) 가: 어느 나라 사람이에요?

　　나: _____.

2) 가: 친구는 어느 나라 사람이에요?

　　나: _____.

씨 Mr./Mrs./Ms./Miss　　어느 which　　친구 friend/classmate/partner

문법과 표현 1 명 은/는

1. 알맞은 것을 연결해 보세요.
Match the name with the appropriate topic particle bag.

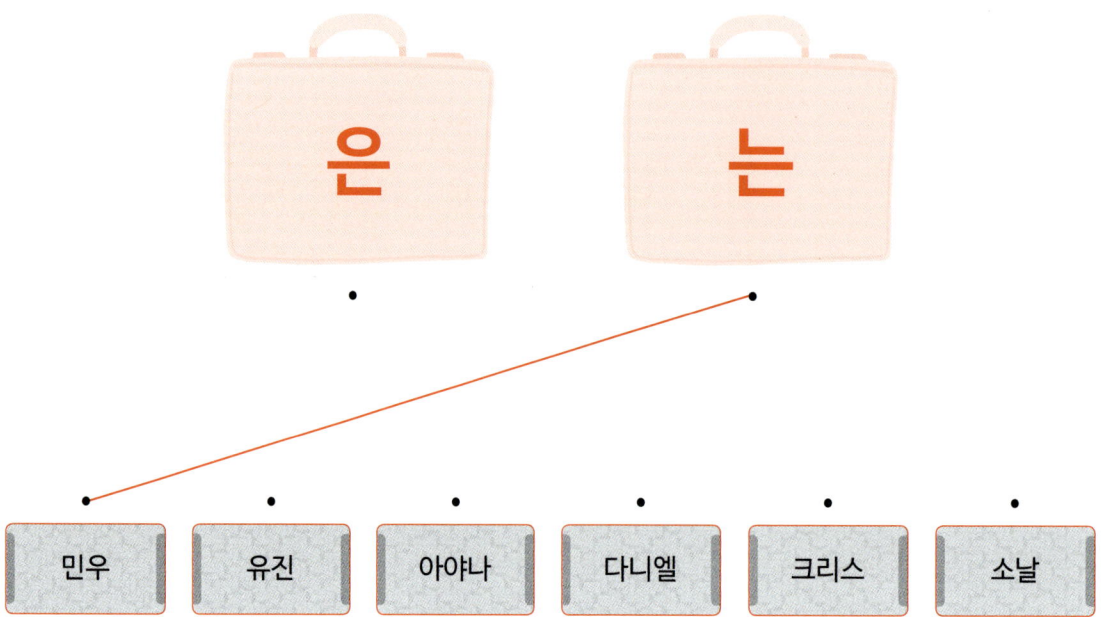

2. 빈칸에 알맞게 쓰세요.
Fill in the blanks.

	은		는
에릭	에릭은	저	저는
몽골		친구	
한국		인도	
미국		프랑스	
일본 사람		말레이시아	

인도 India

3. 그림을 보고 알맞은 것을 고르세요.
Look at the picture and circle the appropriate topic particle.

1)  민우 (은 / 는) 한국 사람이에요.

2)  제니 (은 / 는) 미국 사람이에요.

3)  소날 (은 / 는) 인도 사람이에요.

4)  에릭 (은 / 는) 프랑스 사람이에요.

5)  마리 (은 / 는) 일본 사람이에요.

6)  하이 (은 / 는) 베트남 사람이에요.

문법과 표현 2 — 명 이에요/예요

1. 알맞은 것을 연결해 보세요.
Match the person with the appropriate ending.

1) 민우 •
2) 유진 •　　　　　　　• 이에요
3) 아야나 •
4) 다니엘 •
5) 크리스 •　　　　　　　• 예요
6) 소날 •

2. 빈칸에 알맞게 쓰세요.
Fill in the blanks.

	이에요		예요
에릭	에릭이에요	저	저예요
몽골		친구	
한국		인도	
미국		프랑스	
일본 사람		말레이시아	

3. 그림을 보고 문장을 완성해 보세요.
Look at the picture and complete the sentence.

1) 엥흐 / 몽골
엥흐 씨는 몽골 사람이에요 .

2) 크리스 / 호주
크리스 씨는 _____.

3) 닛쿤 / 태국
닛쿤 씨는 _____.

4) 아야나 / 말레이시아
아야나 씨는 _____.

4. '이에요/예요'를 써서 다음 대화를 완성해 보세요.
Complete the dialogue using '이에요/예요.'

안녕하세요? 저는 _____.

안녕하세요? 저는 _____.

만나서 반가워요, _____ 씨.

반가워요. _____ 씨는 어느 나라 사람이에요?

저는 _____.

호주 Australia   태국 Thailand   안녕하세요 Hello   만나서 반가워요 Nice to meet you

어휘 Vocabulary

1. 그림에 알맞은 단어를 쓰고 연결해 보세요.
Write a word that describes the picture and match it with the appropriate ending.

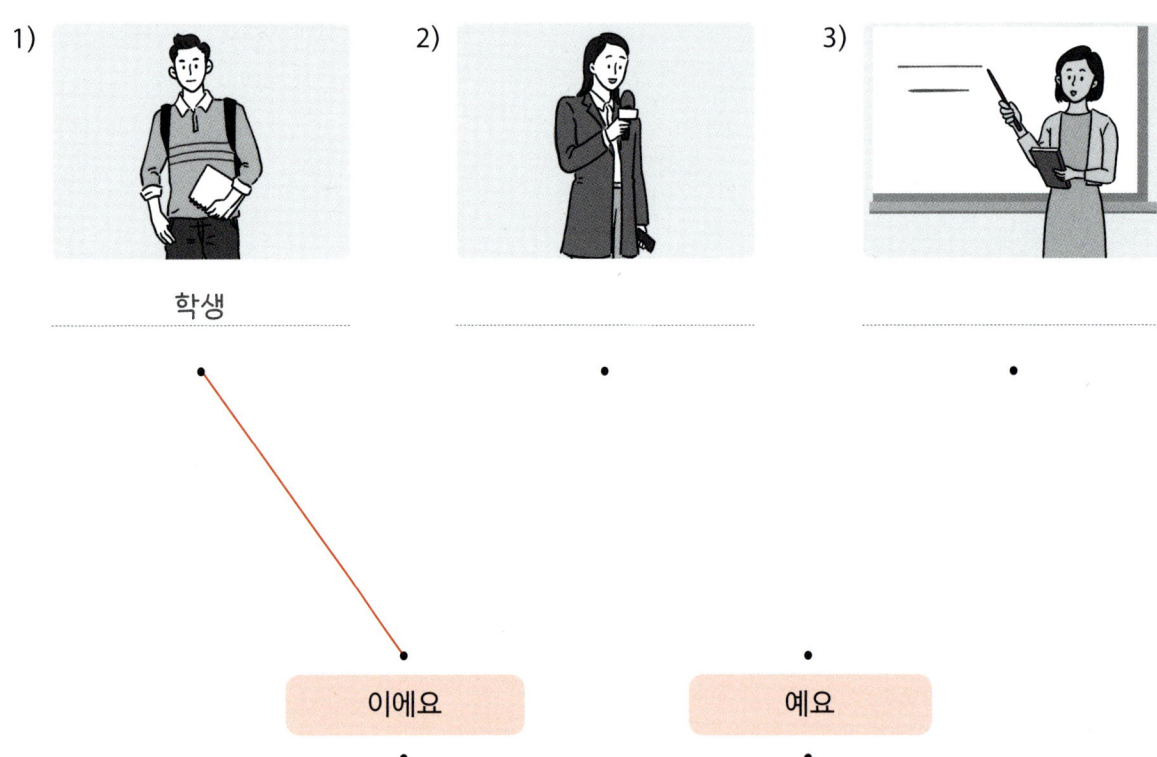

1) 학생

2)

3)

이에요   예요

4)

5)

6)

2. 그림을 보고 문장을 완성해 보세요.
Look at the picture and complete the sentences.

3) 저는 _____.
4) 저는 _____.
2) 저는 _____.
5) 저는 _____.
1) 저는 __선생님이에요__.
6) 저는 _____.

3. 친구와 이야기해 보세요.
Talk with your partner.

1) 가: 이름이 뭐예요?
   나: _____.

2) 가: 직업이 뭐예요?
   나: _____.

이름 name   뭐 what   직업 occupation

문법과 표현 3 · 명 이에요/예요?

1. 다음을 보고 문장을 완성해 보세요.
Look at the following and complete the sentence.

| 학생 | 가수 | 회사원 |

1) 학생이에요?   2) _____   3) _____

| 친구 | 배우 | 명함 |

4) _____   5) _____   6) _____

| 기자 | 대학원생 | 요리사 |

7) _____   8) _____   9) _____

| 화가 | 의사 | 한국 사람 |

10) _____   11) _____   12) _____

| 축구 선수 | 독일 사람 | 프로그래머 |

13) _____   14) _____   15) _____

  명함 business card   대학원생 grad(uate) student   화가 painter   축구 soccer/football   독일 Germany

2. 그림을 보고 대화를 만들어 보세요.
Look at the picture and create a dialogue.

1)

가: 민우 씨는 __학생이에요__ ?
나: 네. 저는 __학생이에요__ .

2)

가: 나나 씨는 _____ ?
나: 네. 저는 _____ .

3)

가: 크리스 씨는 _____ ?
나: 네. 저는 _____ .

4)

가: 유진 씨는 _____ ?
나: 네. 저는 _____ .

3. 그림을 보고 질문에 대답해 보세요.
Look at the picture and answer the following questions.

1) 이름이 뭐예요? _____ .

2) 직업이 뭐예요? _____ .

3) 어느 나라 사람이에요? _____ .

네 Yes

문법과 표현 4 | 명 이/가 아니에요

1. 알맞은 것을 고르세요.
Circle the appropriate subject particle.

1) 저는 대학생(**이** / 가) 아니에요.

2) 저는 배우(이 / 가) 아니에요.

3) 마리 씨는 가수(이 / 가) 아니에요.

4) 닛쿤 씨는 호주 사람(이 / 가) 아니에요.

2. 그림을 보고 대화를 만들어 보세요.
Look at the picture and create a dialogue.

1)
가: 아야나 씨는 한국 사람이에요?
나: 아니요. 저는 <u>한국 사람이 아니에요</u>.

2)
가: 크리스 씨는 기자예요?
나: 아니요. 저는 _____.

3)
가: 민우 씨는 회사원이에요?
나: 아니요. 저는 _____.
학생이에요.

4)
가: 나나 씨는 가수예요?
나: 아니요. 저는 _____.
선생님이에요.

아니요 No

5) 가: 에릭 씨는 학생이에요?
   나: 아니요. 저는 _____.
      축구 선수예요.

6) 가: 다니엘 씨는 영국 사람이에요?
   나: 아니요. 저는 _____.
      미국 사람이에요.

3. 알맞은 것을 연결해 보세요.
Draw a line to complete the dialogue.

1) 나나 씨는 한국 사람이에요? 　　① 네. 저는 학생이에요.

2) 제니 씨는 학생이에요? 　　② 저는 가수예요.

3) 마리 씨는 일본 사람이에요? 　　③ 아니요. 한국 사람이 아니에요.

4) 테오 씨는 요리사예요? 　　④ 네. 일본 사람이에요.

5) 이름이 뭐예요? 　　⑤ 아니요. 요리사가 아니에요.

6) 직업이 뭐예요? 　　⑥ 저는 닛쿤이에요.

영국 England

2

교실과 방 Classroom & Room

2-1 이거는 시계예요

2-2 이 가방은 나나 씨 가방이에요

2-1	어휘	교실과 물건
	문법과 표현	이거는/그거는/저거는 명이에요/예요
		명(의) 명

2-2	어휘	장소와 물건
	문법과 표현	이/그/저 명
		명이/가 있어요/없어요

어휘 Vocabulary

1. 그림을 보고 빈칸에 알맞은 단어를 쓰세요.
Look at the picture and fill in the boxes with an appropriate word.

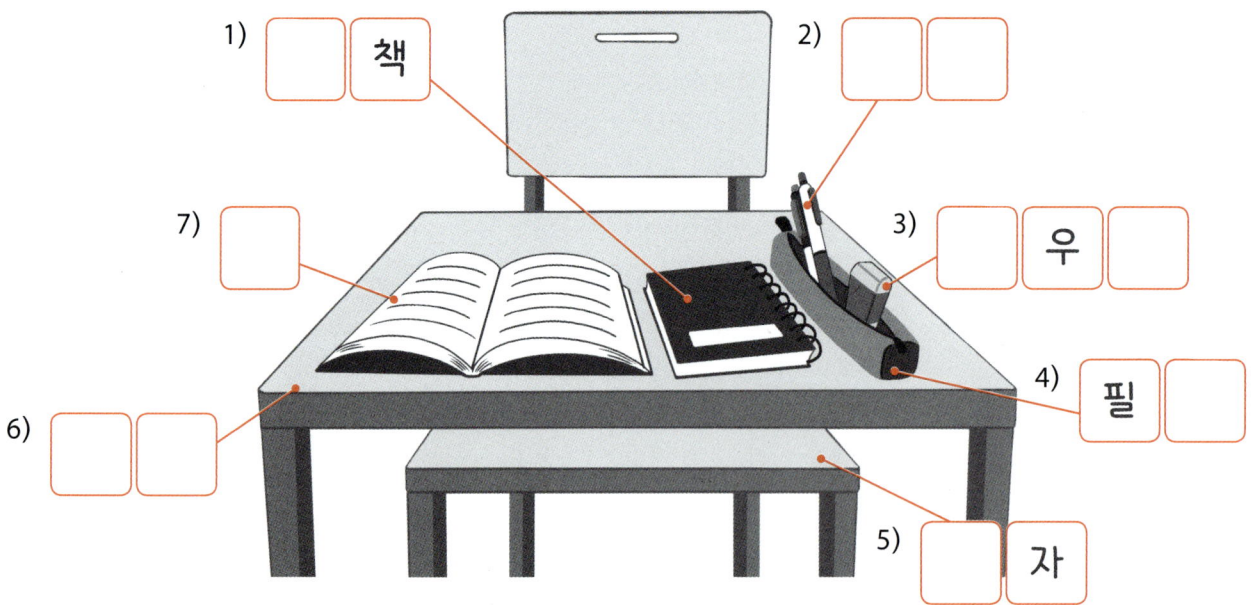

2. 알맞은 것을 연결해 보세요.
Match the picture with the appropriate word.

1) 🕐 · · ① 가방

2) 🎒 · · ② 시계

3) 🖥️ · · ③ 우산

4) 📱 · · ④ 휴대폰

5) ☂️ · · ⑤ 컴퓨터

우산 umbrella

3. 그림을 보고 대화를 만들어 보세요.
Look at the picture and create a dialogue.

1)

가: 가방이에요?
나: 네. 가방이에요   .

2)

가: 책이에요?
나: 네.   .

3)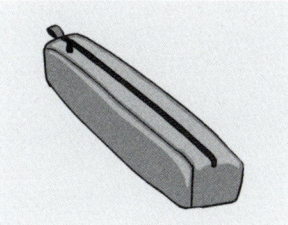

가: 필통이에요?
나: 네.   .

4)

가: 지우개예요?
나: 아니요.   .

5)

가: 의자예요?
나: 아니요.   .

6)

가: ?
나: 네.   .

문법과 표현 1 이거는/그거는/저거는 명 이에요/예요

1. 그림을 보고 대화를 만들어 보세요.
Look at the picture and create a dialogue.

1)
가: 이거는 뭐예요 ?
나: 볼펜이에요.

2)
가: _____?
나: 책이에요.

3)
가: _____?
나: 컴퓨터예요.

4)
가: _____?
나: 지우개예요.

5)
가: _____?
나: 한국어 책이에요.

6)
가: _____?
나: 시계예요.

 한국어 Korean (language)

2. 그림을 보고 대화를 만들어 보세요.
Look at the picture and create a dialogue.

1)

가: <u>이거는</u> 시계예요?

나: 네. <u>시계예요</u>.

2)

가: <u>   </u> 한국어 책이에요?

나: 네. <u>   </u> 이에요/예요.

3)

가: <u>   </u> 필통이에요?

나: 아니요. <u>   </u> 이/가 아니에요.

<u>   </u> 이에요/예요.

4)

가: <u>   </u> 의자예요?

나: 아니요. <u>   </u> 이/가 아니에요.

<u>   </u> 이에요/예요.

3. 친구와 이야기해 보세요.
Talk with your partner.

한국어로 in Korean   영어로 in English   중국어로 in Chinese

문법과 표현 ❷ 명(의) 명

1. 그림을 보고 써 보세요.
Look at the pictures and fill the blanks.

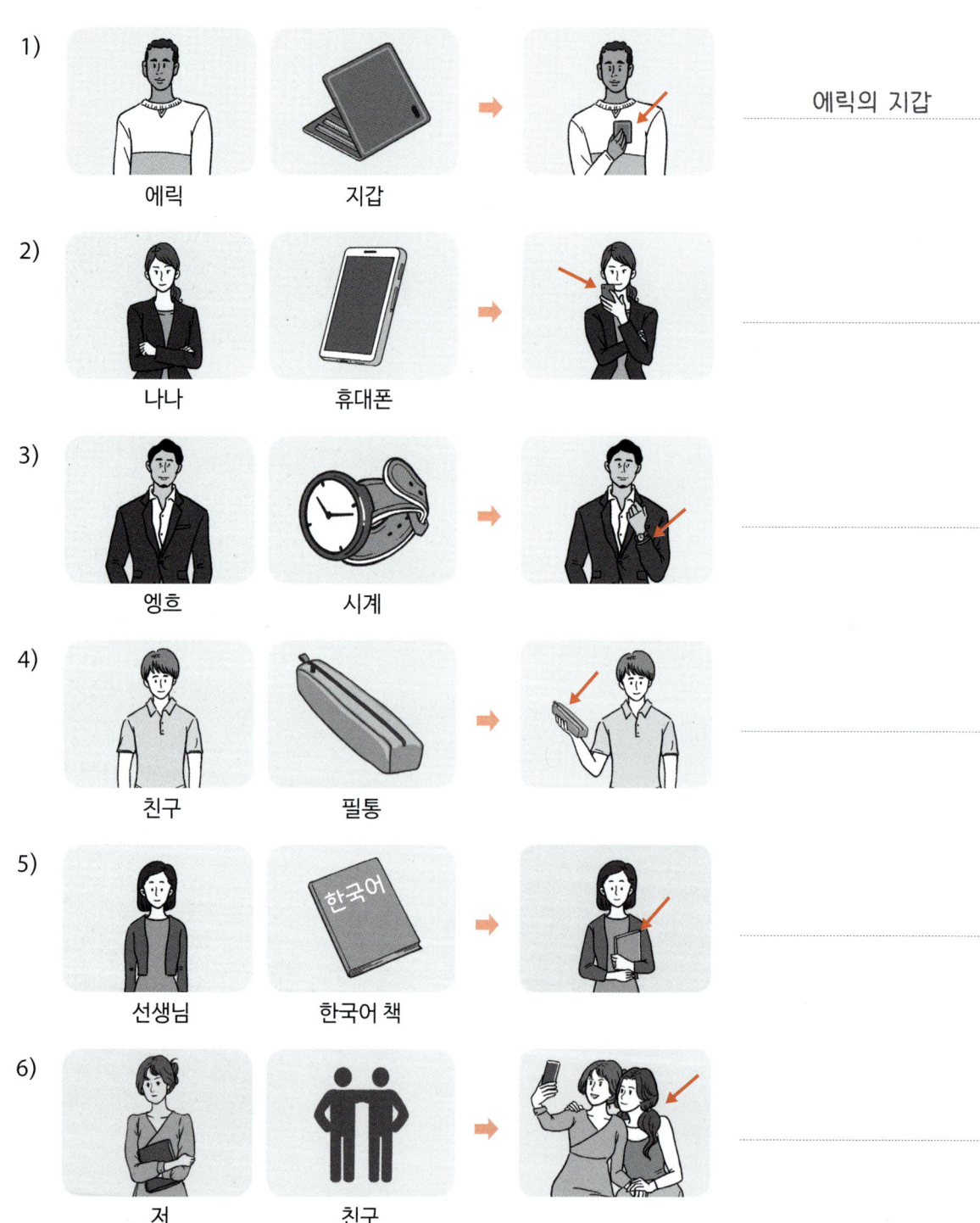

1) 에릭 / 지갑 → 에릭의 지갑
2) 나나 / 휴대폰 →
3) 엥흐 / 시계 →
4) 친구 / 필통 →
5) 선생님 / 한국어 책 →
6) 저 / 친구 →

지갑 wallet

2. 알맞은 것을 고르세요.
Circle the appropriate one to complete the sentence.

1) 이거는 (저 / 제) 사전이에요.

2) (저는 / 제) 이름은 나나예요.

3) 그거는 (엥흐 씨는 / 엥흐 씨의) 볼펜이 아니에요.

4) (선생님은 / 선생님의) 한국 사람이에요.

3. 그림을 보고 대화를 만들어 보세요.
Look at the picture and create a dialogue.

1)
가: 이거는 다니엘의 지우개예요?
나: 네. 다니엘의 지우개예요   .

2)
가: 이거는 제니의 공책이에요?
나: 네.   .

3)
가: 이거는 닛쿤의 가방이에요?
나: 아니요.   이/가 아니에요.
                                          .

4)
가: 이거는 마리의 볼펜이에요?
나: 아니요.   .
                                          .

5) 가: 이거는   ?
나: 네.   .

사전 dictionary

어휘 Vocabulary

1. 그림을 보고 빈칸에 알맞은 단어를 쓰세요.
Look at the picture and fill in the boxes with an appropriate word.

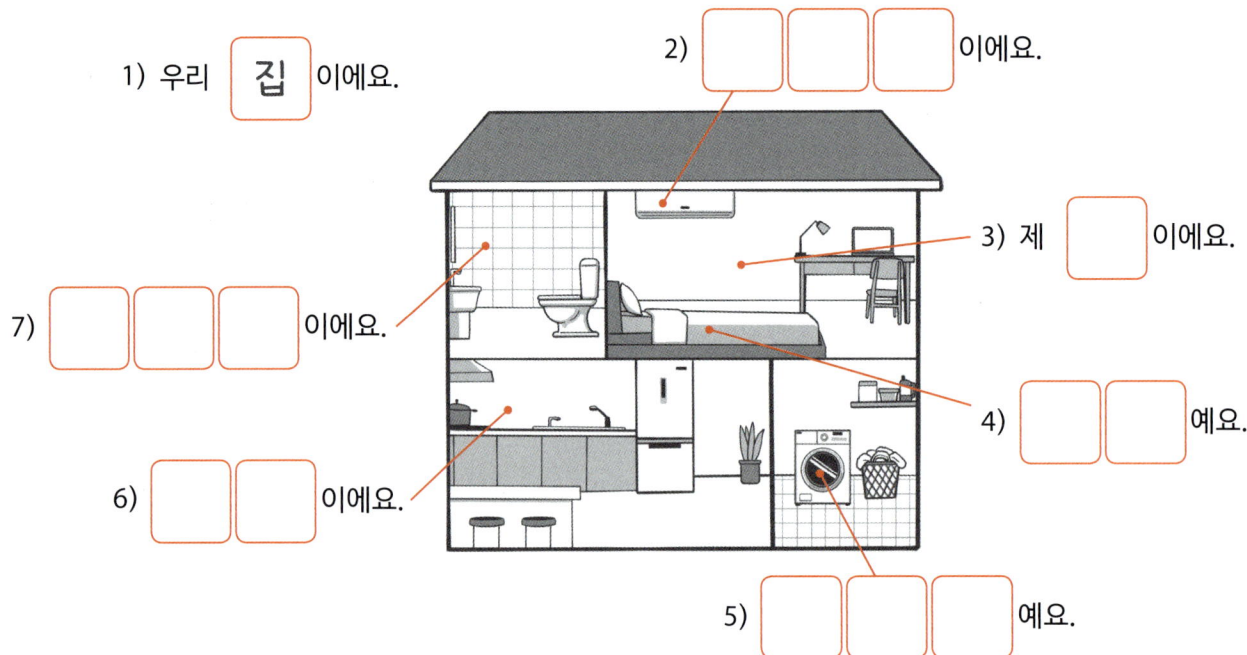

1) 우리 집 이에요.
2) ☐☐☐ 이에요.
3) 제 ☐ 이에요.
4) ☐☐ 예요.
5) ☐☐☐ 예요.
6) ☐☐ 이에요.
7) ☐☐☐ 이에요.

2. 알맞은 것을 연결해 보세요.
Match the picture with the appropriate word.

1) [TV] • • ① 노트북

2) [냉장고] • • ② 텔레비전

3) [세탁기] • • ③ 세탁기

4) [노트북] • • ④ 냉장고

우리 our

3. 그림을 보고 대화를 만들어 보세요.
Look at the picture and create a dialogue.

1)

가: 여기는 부엌이에요?
나: 네. 부엌이에요   .

2)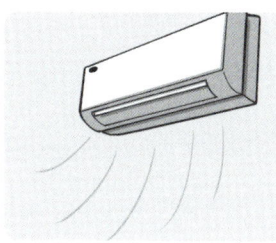

가: 여기는 남자 화장실이에요?
나: 네.   .

3)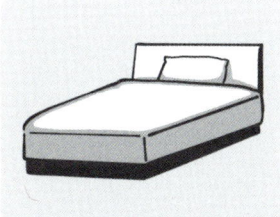

가: 그거는 한국어로 세탁기예요?
나: 아니요.   .

4)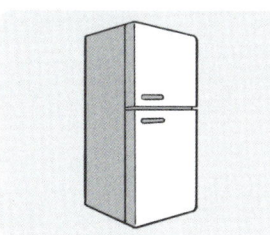

가: 이거는 한국어로 뭐예요?
나: .

5)

가: 이거는 한국어로 뭐예요?
나: .

6)

가: 이거는 한국어로 뭐예요?
나: .

여기 here   남자 man

문법과 표현 ③ 이/그/저 명

1. 그림을 보고 대화를 만들어 보세요.
Look at the picture and create a dialogue.

1)
가: 이 사람은 나나 씨의 친구예요?
나: 네. 제 친구예요.

2)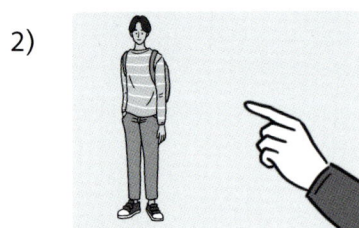
가: _____?
나: 네. 한국 사람이에요.

3)
가: _____?
나: 네. 다니엘 씨의 가방이에요.

4)
가: _____?
나: 아니요. 제니 씨의 공책이 아니에요.

5)
가: _____?
나: 아니요. 선생님이 아니에요.

6)
가: _____?
나: 네. _____.

2. 잘 읽고 한 문장으로 만들어 보세요.
Read carefully and combine the two sentences into one.

1) 이거는 책이에요. 닛쿤 씨의 책이에요.
   ➡ 이 책은 닛쿤 씨의 책이에요.

2) 저거는 가방이에요. 선생님의 가방이에요.
   ➡ _____.

3) 그거는 공책이에요? 엥흐 씨의 공책이에요?
   ➡ _____?

4) 이거는 지우개예요. 제 지우개가 아니에요.
   ➡ _____.

5) 저거는 음식이에요. 한국어로 비빔밥이에요.
   ➡ _____.

3. 친구에게 소개해 주고 싶은 것이 있어요? 사진을 찾아서 소개해 보세요.
Is there something you would like to introduce to your friend? Find a picture on your phone and describe it to your partner.

이 사람은 일본의 가수예요.
이 사람의 이름은 _____ 이에요/예요.

이거는 말레이시아 음식이에요.
이 음식의 이름은 _____ 이에요/예요.

음식 food   비빔밥 bibimbap

문법과 표현 4 명 이/가 있어요/없어요

1. 알맞은 것을 고르세요.
Circle the appropriate subject particle.

1) 책 (**이**/ 가) 있어요.

2) 한국 친구 (이 / 가) 있어요.

3) 미국 학생 (이 / 가) 없어요.

4) 시계 (이 / 가) 없어요.

5) 노트북 (이 / 가) 있어요.

6) 숙제 (이 / 가) 있어요.

2. 그림을 보고 대화를 만들어 보세요.
Look at the picture and create a dialogue.

1)
가: 한국어 책 <u>이</u> 있어요?
나: 네. <u>있어요   </u>.

2)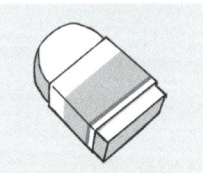
가: 지우개 <u>   </u> 있어요?
나: 네. <u>   </u>.

3)
가: 컴퓨터 <u>   </u> 있어요?
나: 아니요. <u>   </u>.

4)
가: 우산 <u>   </u> 있어요?
나: 아니요. <u>   </u>.

숙제 homework

3. 그림을 보고 대화를 만들어 보세요.
Look at the picture and create a dialogue.

1)
가: 한국 친구가 있어요_____?
나: 네. 있어요_____.

2)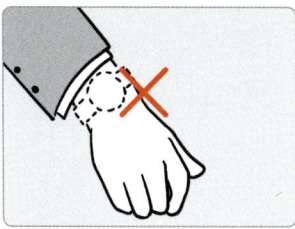
가: _____?
나: 아니요. _____.

3)
가: _____?
나: 아니요. _____.

4)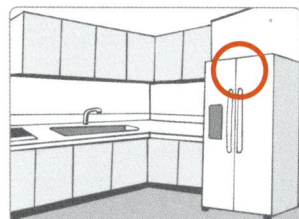
가: _____?
나: 네. _____.

4. 친구와 이야기해 보세요.
Talk with your partner.

룸메이트가 있어요?

교통 카드가 있어요?

한국 돈이 있어요?

_____이/가 있어요?

  룸메이트 roommate   교통 카드 transportation card   돈 money

복습 1

어휘 Vocabulary

✏️ 아는 단어에 ✔ 하세요.

1단원

한국 ☐	프랑스 ☐	몽골 ☐
미국 ☐	러시아 ☐	베트남 ☐
중국 ☐	브라질 ☐	나라 ☐
일본 ☐	말레이시아 ☐	사람 ☐

선생님 ☐	배우 ☐	프로그래머 ☐
학생 ☐	대학생 ☐	요리사 ☐
기자 ☐	회사원 ☐	운동선수 ☐
의사 ☐	가수 ☐	

2단원

교실 ☐	볼펜 ☐	컴퓨터 ☐
창문 ☐	필통 ☐	휴대폰 ☐
책상 ☐	가방 ☐	지우개 ☐
의자 ☐	시계 ☐	연필 ☐
책 ☐	공책 ☐	

집 ☐	침대 ☐	텔레비전 ☐
방 ☐	노트북 ☐	에어컨 ☐
화장실 ☐	세탁기 ☐	
부엌 ☐	냉장고 ☐	

[1~5] 그림을 보고 알맞은 단어를 고르세요.

1. 가: 어느 나라 사람이에요?
   나: (   ) 사람이에요.

   ① 한국　　② 영국　　③ 베트남　　④ 프랑스

2. 가: 이거는 뭐예요?
   나: (   )이에요/예요.

   ① 볼펜　　② 연필　　③ 공책　　④ 시계

3. 가: 이거는 한국어로 뭐예요?
   나: (   )이에요/예요.

   ① 컴퓨터　　② 냉장고　　③ 세탁기　　④ 텔레비전

4. 가: 하이 씨는 (   )이에요/예요?
   나: 네. 저는 (   )이에요/예요.

   ① 회사원　　② 요리사　　③ 운동선수　　④ 프로그래머

5. 가: (   )이/가 있어요?
   나: 네. 있어요.

   ① 침대　　② 노트북　　③ 휴대폰　　④ 에어컨

문법과 표현
Grammar & Expression

1단원

명은/는	저는 이유진이에요.
명이에요/예요	하이 씨는 회사원이에요.
명이에요/예요?	제니 씨는 의사예요?
명이/가 아니에요	아니요. 저는 의사가 아니에요.

2단원

이거는/그거는/저거는 명이에요/예요	이거는 의자예요.
명(의) 명	그거는 에릭 씨의 공책이에요.
이/그/저 명	이 책은 누구의 책이에요?
명이/가 있어요/없어요	냉장고가 있어요.

[1~5] 다음에서 알맞은 말을 골라 문장을 완성하세요.

> 이   가   (은)   는   의

1. 에릭(은) 학생이에요.

2. 저(   ) 러시아 사람이에요.

3. 이거는 엥흐(   ) 휴대폰이에요.

4. 나나 씨는 한국 사람(   ) 아니에요.

5. 지우개(   ) 없어요.

복습 1

[6~8] 순서에 맞게 문장을 만드세요.

6. | 나나 씨 | 선생님 | 는 | 이에요 |

   ➡ 나나 씨는 선생님이에요?

7. | 있어요 | 는 | 안나 씨 | 노트북 | 이 |

   ➡ _____?

8. | 가방 | 누구 | 이에요 | 그거 | 는 | 의 |

   ➡ _____?

[9~10] 그림을 보고 대화를 완성하세요.

9. 가: 이거는 한국어로 뭐예요?
   나: _____.

10. 가: 이거는 지우개예요?
    나: 아니요, _____.

[11~12] 대화를 완성하세요.

11. 가: _____?
    나: 저는 일본 사람이에요.

12. 가: _____?
    나: 테오 씨의 책이에요.

듣기 Listening

[1~2] 다음을 듣고 알맞은 것을 고르세요.

1. 저는 ( )예요.

   ① 기자　　② 가수　　③ 기사　　④ 기차

2. 이거는 ( )예요.

   ① 이사　　② 이자　　③ 의사　　④ 의자

[3~6] 다음을 듣고 물음에 맞는 대답을 고르세요.

3. ① 고마워요.　　　　　② 안녕하세요?
   ③ 안녕히 가세요.　　　④ 안녕히 계세요.

4. ① 반가워요.　　　　　② 저는 나나가 아니에요.
   ③ 저는 중국 사람이에요.　④ 저 사람은 다니엘이에요.

5. ① 학생이 없어요.　　　② 가방이 아니에요.
   ③ 저는 학생이에요.　　④ 나나 씨의 지갑이에요.

6. ① 제 공책이에요.　　　② 친구의 공책이 있어요.
   ③ 네. 저는 공책이 있어요.　④ 아니요. 공책이 아니에요.

[7~9] 다음을 듣고 이어지는 말을 고르세요.

7. ① 네. 한국 친구예요.　　② 네. 제 친구가 아니에요.
   ③ 이 사람은 친구가 있어요.　④ 아니요. 한국 친구가 없어요.

8. ① 공책이 있어요.　　　② 네. 제 공책이에요.
   ③ 저거는 공책이에요.　④ 아니요. 공책이 없어요.

9. ① 네. 브라질이에요.　　② 브라질 사람이에요.
　 ③ 테오 씨의 나라예요.　　④ 네. 브라질이 아니에요.

[10~11] 다음 대화를 듣고 알맞은 그림을 고르세요.

10.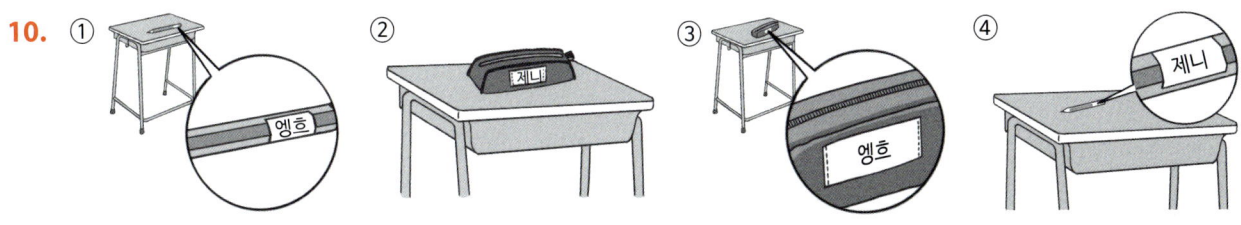

11.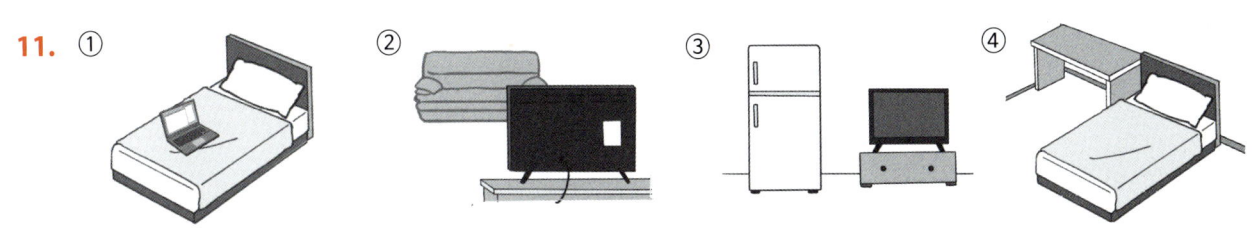

[12~15] 다음을 듣고 들은 내용과 같은 것을 고르세요.

12. ① 여자는 요리사예요.　　② 남자는 직업이 없어요.
　　③ 여자는 인도 사람이에요.　　④ 남자는 호주 사람이 아니에요.

13. ① 남자의 이름은 하이예요.　　② 남자는 태국에서 왔어요.
　　③ 남자의 룸메이트는 회사원이에요.　　④ 남자의 룸메이트는 베트남 사람이에요.

14. ① 의자가 있어요.　　② 컴퓨터가 없어요.
　　③ 나나는 한국 사람이에요.　　④ 나나는 한국어 선생님이에요.

15. ① 여자는 한국 친구가 없어요.　　② 김민우는 여자의 반 친구예요.
　　③ 여자의 룸메이트는 김민우예요.　　④ 에릭의 룸메이트는 대학생이에요.

읽기 Reading

[1~3] ( )에 들어갈 가장 알맞은 것을 고르세요.

1. 저는 이유진이에요. 저는 (   )이에요.

   ① 호주 ② 독일 ③ 회사원 ④ 운동선수

2. 이거는 마리 씨의 (   ).

   ① 가수예요 ② 컴퓨터예요 ③ 일본이에요 ④ 선생님이에요

3. 저거는 (   ) 지우개예요.

   ① 제 ② 이 ③ 저 ④ 뭐

[4~5] 그림을 보고 맞지 않는 것을 고르세요.

4.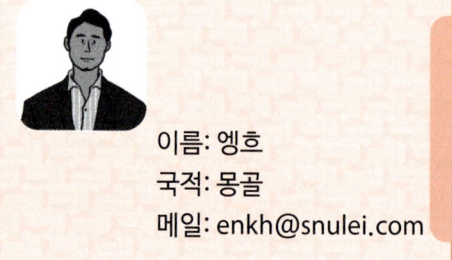

   이름: 엥흐
   국적: 몽골
   메일: enkh@snulei.com

   ① 이 사람은 몽골 사람이에요.
   ② 이 사람의 이름은 엥흐예요.
   ③ 이 사람은 휴대폰이 있어요.
   ④ 이거는 엥흐 씨의 명함이에요.

5.

   ① 필통이 있어요.
   ② 안경이 있어요.
   ③ 공책이 없어요.
   ④ 연필이 없어요.

[6~8] 다음을 읽고 순서가 알맞은 것을 고르세요.

6.
(가) 저는 몽골 사람이에요.
(나) 반가워요. 저는 엥흐예요.
(다) 엥흐 씨는 어느 나라 사람이에요?
(라) 만나서 반가워요. 저는 자밀라예요.

① (다) - (나) - (라) - (가)
② (다) - (라) - (가) - (나)
③ (라) - (가) - (나) - (다)
④ (라) - (나) - (다) - (가)

7.
(가) 필통이에요.
(나) 저거는 지우개예요?
(다) 이거는 한국어로 뭐예요?
(라) 아니요. 지우개가 아니에요.

① (가) - (다) - (라) - (나)
② (가) - (나) - (라) - (다)
③ (다) - (가) - (나) - (라)
④ (다) - (나) - (가) - (라)

8.
(가) 제 한국어 반 친구예요.
(나) 이 사람은 소날 씨예요.
(다) 소날 씨는 인도에서 왔어요.
(라) 소날 씨는 컴퓨터 프로그래머예요.

① (가) - (나) - (다) - (라)
② (나) - (다) - (가) - (라)
③ (다) - (라) - (가) - (나)
④ (라) - (다) - (나) - (가)

[9~11] 다음 내용과 같은 것을 고르세요.

9.
> 저는 마리예요. 일본 사람이에요. 저는 일본어 선생님이에요.
> 이 사람은 에릭 씨예요. 에릭 씨는 프랑스에서 왔어요. 대학원생이에요.

① 마리는 학생이에요.
② 마리는 일본에서 왔어요.
③ 에릭은 대학원생이 아니에요.
④ 에릭은 프랑스 사람이 아니에요.

10.
> 여기는 기숙사예요. 제 룸메이트는 테오 씨예요. 테오 씨는 서울대학교 학생이에요.
> 기숙사에는 침대가 있어요. 시계가 있어요. 이 시계는 제 시계가 아니에요. 테오 씨의 시계예요.

① 침대가 없어요.
② 테오는 시계가 없어요.
③ 테오는 학생이 아니에요.
④ 저는 테오의 룸메이트예요.

11.
> 저는 엥흐예요. 몽골 사람이에요. 저는 회사원이에요. 우리 회사는 한국 회사예요.
> 한국 사람, 말레이시아 사람, 몽골 사람이 있어요. 우리는 친구예요.

① 엥흐는 회사원이에요.
② 엥흐는 한국 친구예요.
③ 엥흐는 친구가 없어요.
④ 엥흐는 말레이시아 사람이에요.

[12~13] 다음을 잘 읽고 알맞은 것을 고르세요.

> 여기는 제 방이에요. 침대가 있어요. 책상, 의자가 있어요. 컴퓨터가 있어요.
> (   )

12. (   )에 들어갈 말로 알맞은 것을 고르세요.

    ① 의자가 아니에요.　　　　　② 냉장고가 없어요.
    ③ 컴퓨터가 없어요.　　　　　④ 냉장고가 아니에요.

13. 뭐가 있어요? **모두** 고르세요.

    ① 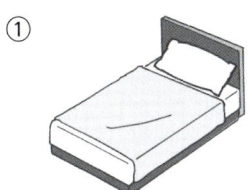　② 　③ 　④

[14~15] 다음을 잘 읽고 알맞은 것을 고르세요.

> 한국어 반에 하이 씨, 제니 씨, 안나 씨, 크리스 씨가 있어요.
> 하이 씨는 베트남 사람이에요. 회사원이에요.
> 제니 씨는 미국에서 왔어요. 학생이에요.
> 안나 씨는 러시아 사람이에요. 안나 씨는 화가예요.
> 크리스 씨는 호주 사람이에요. 요리사예요.
> 우리는 모두 친구예요.

14. 어느 나라 사람이 없어요?

    ① 미국 사람　　② 한국 사람　　③ 호주 사람　　④ 러시아 사람

15. 이 글의 내용과 같은 것을 고르세요.

    ① 하이는 회사원이에요.　　　② 제니는 학생이 아니에요.
    ③ 안나는 베트남에서 왔어요.　④ 크리스는 요리사가 아니에요.

쓰기 Writing

✏️ 질문을 잘 읽고 100~200자로 글을 쓰세요.

> 한국어 교실에 누가 있어요? 소개해 보세요.

💡 글을 다 썼어요?
다시 한번 읽어 보세요.

말하기 Speaking

1. 문법을 사용해서 친구와 이야기해 보세요.

명 은/는

1) 이름이 뭐예요?
2) 직업이 뭐예요?

명 이에요/예요

3) 어느 나라 사람이에요?
4) 학생이에요?

명 이에요/예요?

5) _____ 사람이에요?
6) 가수예요?

명 이/가 아니에요

7) _____ 씨는 요리사예요?
8) _____ 씨는 러시아 사람이에요?

이거는/그거는/저거는 명 이에요/예요

9) 이거는 한국어로 뭐예요?
10) 저거는 필통이에요?

명 (의) 명

11) 이거는 누구의 지우개예요?
12) 그거는 나나 씨의 가방이에요?

이/그/저 명

13) 이 책은 영어 책이에요?
14) 저 사람은 누구예요?

명 이/가 있어요/없어요

15) 연필이 있어요?
16) 집에 뭐가 있어요?

2. 그림을 보고 이야기를 만들어 보세요.

- ☐ 명은/는
- ☐ 명이에요/예요
- ☐ 명이에요/예요?
- ☐ 명이/가 아니에요
- ☐ 명이/가 있어요/없어요
- ☐ 명(의) 명
- ☐ 이/그/저 명
- ☐ 이거는/그거는/저거는 명이에요/예요

발음 Pronunciation

1단원

받침은 뒤 음절이 모음으로 시작하면 그 음절의 첫소리로 발음됩니다.

저는 회사**원이**에요.
　　　[회사워니에요]

이거는 연**필이**에요.
　　　[연피리에요]

🎧 **잘 듣고 따라 해 보세요.**

❶ 저거는 제 노트**북이**에요.

❷ 나나 씨는 선생**님이**에요.

2단원

명사와 명사 사이의 '의'는 [에]로 발음됩니다.

에릭 씨**의** 필통이에요.
　[에릭 씨에]

이거는 누구**의** 가방이에요?
　　　　[누구에]

🎧 **잘 듣고 따라 해 보세요.**

❶ 이거는 의사 선생님**의** 책이에요.

❷ 저거는 친구**의** 지우개예요.

🎧 **잘 듣고 따라 해 보세요.**

❶ 가: 이거는 소날 씨의 휴대폰이에요?
　 나: 네. 제 휴대폰이에요.

❷ 가: 저거는 한국어로 뭐예요?
　 나: 공책이에요.

3 가게 Store

3-1 이 빵 하나 주세요
3-2 집 앞에 편의점이 있어요

3-1	어휘	음식과 숫자
	문법과 표현	몡하고 몡
		몡 주세요

3-2	어휘	위치
	문법과 표현	몡에 있어요/없어요
		몡 앞/뒤/옆/위/아래

어휘 Vocabulary

1. 그림을 보고 알맞은 단어를 쓰세요.
Look at the picture and fill in the boxes.

1)
☐

2)
☐ ☐

3)
☐ ☐

4)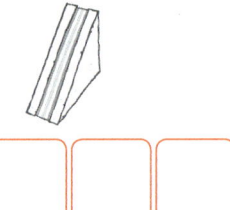
☐ ☐ ☐ ☐

2. 그림을 보고 대화를 만들어 보세요.
Look at the picture and create a dialogue.

1) 가: 저거는 한국어로 뭐예요?
   나: 키위예요   .

2) 가: _____ 이/가 있어요?
   나: 네. 있어요.

3) 가: 저거는 뭐예요?
   나: _____ .

4) 가: _____ 이/가 있어요?
   나: 네. 여기 있어요.

키위 kiwi   오렌지 orange

3. 숫자를 써 보세요.
Write the total number of the dice in the blanks.

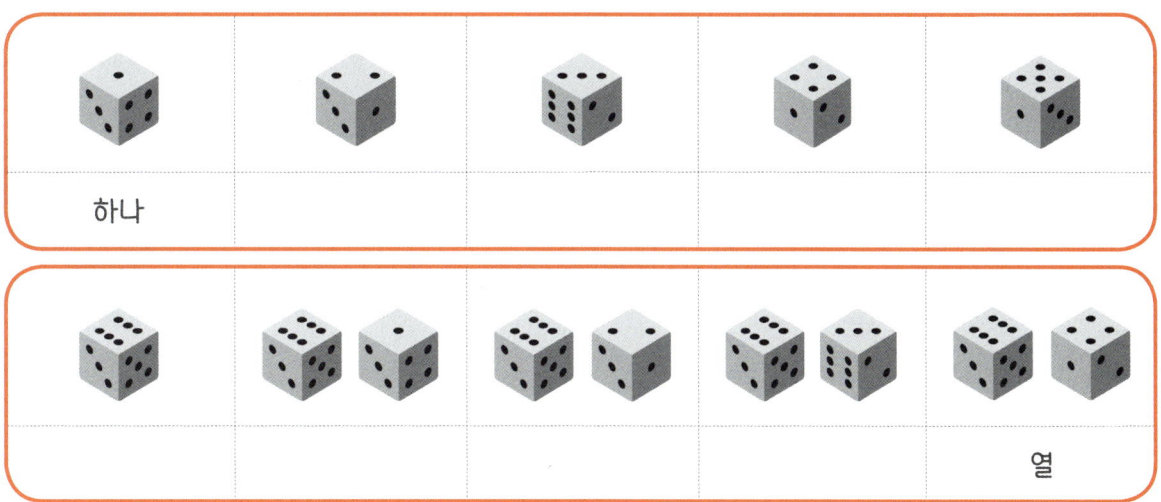

하나   열

4. 그림을 보고 대화를 만들어 보세요.
Look at the picture and create a dialogue.

1)

    가: 음료수 이 /(가) 있어요?
    나: 네. 주스가 있어요.

2)

    가: 뭐가 있어요?
    나: _____.

3)

    가: 이거는 하이 씨의 _____?
    나: 네. 제 _____.

4)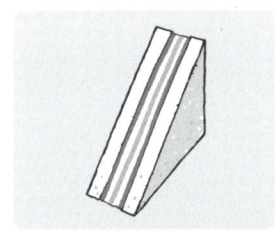

    가: 이거는 자밀라 씨의 _____?
    나: 아니요. 제 _____.

문법과 표현 1 명하고 명

1. 그림을 보고 써 보세요.
Look at the pictures and fill in the blanks by using '하고.'

1)
   가방하고 책

2)

3)

4)

5)

6)

2. 그림을 보고 대화를 만들어 보세요.
Look at the picture and create a dialogue.

1)
   가: 뭐가 있어요?
   나: 케이크하고 주스가 있어요.

2)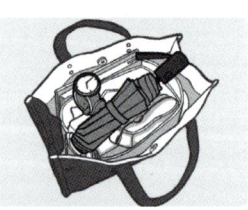
   가: 뭐가 있어요?
   나: _____.

3)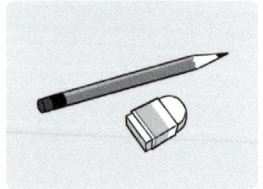
   가: 뭐가 있어요?
   나: _____.

케이크 cake

3. 뭐가 있어요? 그림을 보고 써 보세요.
Look at the picture and complete the sentence.

카페예요.

1) <u>아이스크림하고 주스</u> 이 /(가) 있어요.

2) _____ 이/가 있어요.

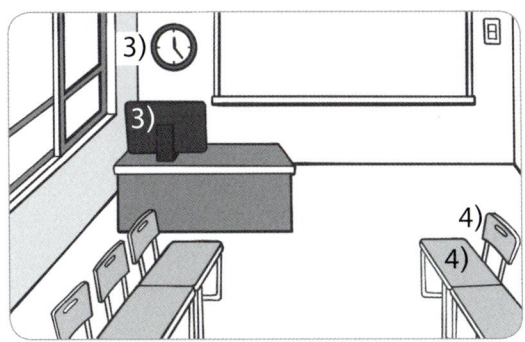

우리 교실이에요.

3) _____ 이/가 있어요.

4) _____ 이/가 있어요.

4. 친구와 이야기해 보세요.
Talk with your partner.

1)

가: 뭐가 있어요?

나: _____.

2)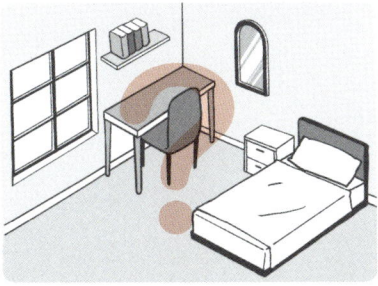

가: 뭐가 있어요?

나: _____.

카페 cafe   아이스크림 ice cream

문법과 표현 2 명 주세요

1. 그림을 보고 문장을 완성해 보세요.
Look at the picture and complete the sentence.

1)  커피 주세요   .

2)  _____.

3)  _____.

4)  _____.

5)  _____.

6)  _____.

2. 그림을 보고 대화를 만들어 보세요.
Look at the picture and create a dialogue.

1)

가: 메뉴 좀 주세요 .
나: 네. 여기 있어요.

2)

가: 김치 좀 주세요 .
나: 네. 여기 있어요.

3)

가: 휴지 좀 주세요 .
나: 네. 여기 있어요.

4)

가: 물 좀 주세요 .
나: 네. 여기 있어요.

5)

가: _____ .
나: 네. 여기 있어요.

메뉴 menu   좀 please   여기 있어요 Here you go   김치 kimchi   휴지 tissue

어휘 Vocabulary

1. 그림을 보고 대화를 만들어 보세요.
Look at the picture and create a dialogue.

1)

가: <u>여기</u> 은 /(는) 어디예요?
나: 빵집이에요.

2)

가: _____ 은/는 어디예요?
나: 엥흐 씨 집이에요.

3)

가: _____ 은/는 서울대학교예요?
나: 네. 서울대학교예요.

4)

가: _____ 은/는 여자 화장실이에요?
나: 네. 여자 화장실이에요.

5)

가: _____ ?
나: 네. 편의점이에요.

어디 where 빵집 bakery 서울대학교 Seoul National University 여자 woman 편의점 convenience store

2. 그림을 보고 알맞은 단어를 골라 쓰세요.
Look at the picture and choose the appropriate word to write in the boxes.

| 위 | 안 | 옆 | 아래 |

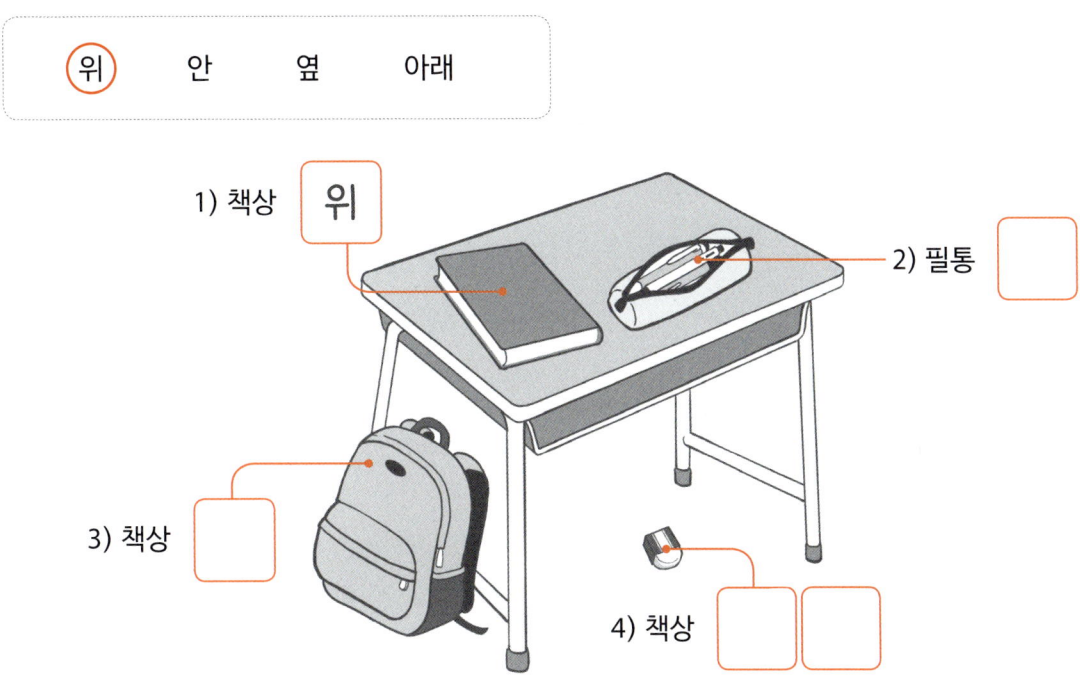

1) 책상 위
2) 필통
3) 책상
4) 책상

3. 그림을 보고 문장을 완성하세요.
Look at the picture and complete the sentences.

여기는 엥흐 씨 방이에요.
침대하고 책상이 있어요.

1) 침대 옆 에 책상 이/가 있어요.
2) 책상 _____ 에 필통하고 _____ 이/가 있어요.
3) 필통 _____ 에 _____ 이/가 있어요.
4) 책상 _____ 에 _____ 이/가 있어요.

문법과 표현 3 명에 있어요/없어요

1. 그림을 보고 대화를 만들어 보세요.
Look at the picture and create a dialogue.

1)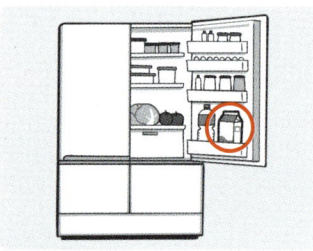

가: 우유가 있어요?
나: 네. 냉장고에 있어요_____.

2)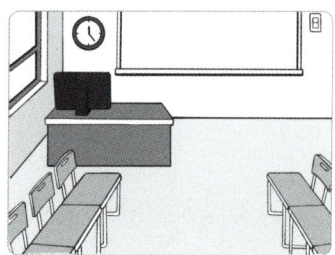

가: 제니 씨가 교실에 있어요?
나: 아니요. _____.

3)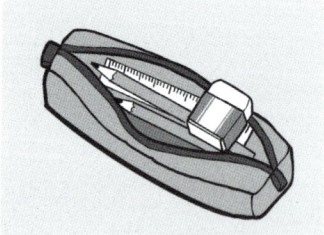

가: 지우개가 필통에 있어요?
나: 네. _____.

4)

가: 테오 씨가 어디에 있어요?
나: 지금 _____.

5)

가: _____?
나: 화장실은 저기에 있어요.

지금 now

2. 그림을 보고 문장을 완성해 보세요.
Look at the picture and complete the sentence.

1)
남산, N서울타워

여기는 남산이에요.
남산에는 N서울타워가 있어요   .

2)
광화문, 서점

여기는 광화문이에요.
_____.

3)
강남, 카페

여기는 강남이에요.
_____.

3. 친구와 이야기해 보세요.
Talk with your partner.

1) 가: 교실에 뭐가 있어요?
   나: _____.

2) 가: 방에 뭐가 있어요?
   나: _____.

남산 Namsan Mountain   N서울타워 N Seoul Tower   광화문 Gwanghwamun   서점 bookstore   강남 Gangnam

문법과 표현 4 명 앞/뒤/옆/위/아래

1. 안경이 어디에 있어요? 그려 보세요.
Where are the glasses? Draw them according to the description.

1)
안경이 의자 위에 있어요.

2)
안경이 의자 옆에 있어요.

3)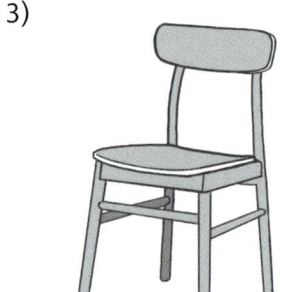
안경이 의자 아래에 있어요.

2. 그림을 보고 대화를 만들어 보세요.
Look at the picture and create a dialogue.

1)
가: 커피숍이 어디에 있어요?
나: 집 옆에 있어요   .

2)
가: 편의점이 어디에 있어요?
나: .

3)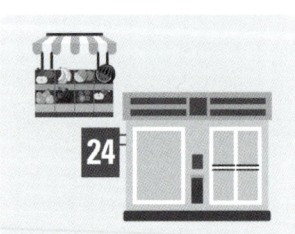
가: 과일 가게가 어디에 있어요?
나: .

안경 (eye)glasses

2. 그림을 보고 문장을 완성해 보세요.
Look at the picture and complete the sentence.

1)
남산, N서울타워

여기는 남산이에요.
남산에는 N서울타워가 있어요.

2)
광화문, 서점

여기는 광화문이에요.
_____.

3)
강남, 카페

여기는 강남이에요.
_____.

3. 친구와 이야기해 보세요.
Talk with your partner.

1) 가: 교실에 뭐가 있어요?
   나: _____.

2) 가: 방에 뭐가 있어요?
   나: _____.

남산 Namsan Mountain N서울타워 N Seoul Tower 광화문 Gwanghwamun 서점 bookstore 강남 Gangnam

문법과 표현 4 명 앞/뒤/옆/위/아래

1. 안경이 어디에 있어요? 그려 보세요.
Where are the glasses? Draw them according to the description.

1)
안경이 의자 위에 있어요.

2)
안경이 의자 옆에 있어요.

3)
안경이 의자 아래에 있어요.

2. 그림을 보고 대화를 만들어 보세요.
Look at the picture and create a dialogue.

1)
가: 커피숍이 어디에 있어요?
나: 집 옆에 있어요.

2)
가: 편의점이 어디에 있어요?
나: _____.

3)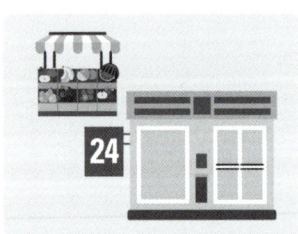
가: 과일 가게가 어디에 있어요?
나: _____.

안경 (eye)glasses

4)

가: 수박이 어디에 있어요?

나: _____.

5)

가: 딸기가 어디에 있어요?

나: _____.

6)

가: 필통이 있어요?

나: 네. _____.

7)

가: 이 사람이 테오 씨예요?

나: 아니요. 테오 씨는 _____.

3. 친구와 이야기해 보세요.
Talk with your partner.

휴대폰이 어디에 있어요?

집 앞에 뭐가 있어요?

한국어 책이 어디에 있어요?

4

일상생활 Everyday Life

4-1 저는 한국어를 공부해요

4-2 오늘 회사에 가요

4-1	어휘	동사 ①
	문법과 표현	동-아요/어요
		명을/를
4-2	어휘	장소
	문법과 표현	명에 가다/오다
		명에서

어휘 Vocabulary

1. 알맞은 것을 연결해 보세요.
Match the picture with the appropriate word.

1)  • • ① 사다

2)  • • ② 먹다

3)  • • ③ 만나다

4)  • • ④ 일하다

5)  • • ⑤ 운동하다

2. 그림을 보고 빈칸에 알맞은 단어를 쓰세요.
Look at the picture and fill in the boxes.

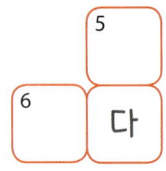

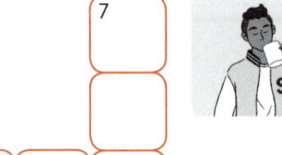

3. 그림을 보고 알맞은 단어를 쓰세요.
Look at the picture and write the appropriate word.

| 자다 | 먹다 | 보다 | 만나다 | 배우다 | 전화하다 |
| 사다 | 읽다 | 마시다 | 운동하다 | 좋아하다 | 아르바이트하다 |

1) 자다

2) 만나다

3) 사다

4) 보다

5) 전화하다

6) 읽다

7) 먹다

8) 마시다

9) 배우다

10) 좋아하다

11) 운동하다

12) 아르바이트하다

자다 to sleep

문법과 표현 1 동-아요/어요

1. 빈칸에 알맞게 쓰세요.
Fill in the blanks.

	-아요/어요		-아요/어요
자다	자요	배우다	
보다		마시다	
만나다		일하다	
읽다		운동하다	
먹다		좋아하다	
쉬다		아르바이트하다	

2. 그림에 알맞은 단어를 연결하고 써 보세요.
Match the picture to the word and write the appropriate word ending.

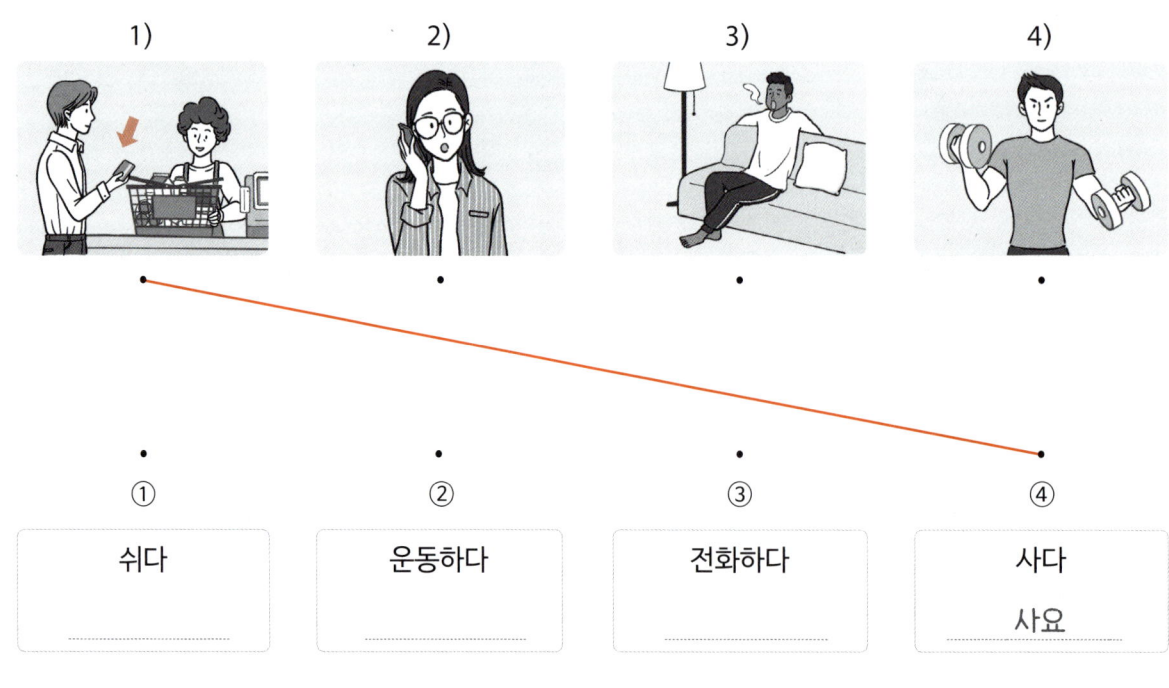

1) — ④ 사다 / 사요
2)
3)
4)

① 쉬다
② 운동하다
③ 전화하다
④ 사다 / 사요

쉬다 to rest

3. 그림을 보고 대화를 만들어 보세요.
Look at the picture and create a dialogue.

1)
가: 크리스 씨, 지금 뭐 해요?
나: 일해요   .

2)
가: 민우 씨, 지금 뭐 해요?
나: 책을   .

3)
가: 나나 씨, 지금 뭐 해요?
나: 샌드위치를   .

4)
가: 에릭 씨, 오늘 뭐 해요?
나: 한국어를   .

5)
가: 아야나 씨, 지금 뭐 해요?
나: 드라마를   .

6)
가: 오늘 뭐 해요?
나: .

오늘 today   드라마 drama

문법과 표현 2   명 을/를

1. 다음을 보고 알맞은 것을 연결해 보세요.
Look at the picture and match the word with the appropriate object particle.

1) 옷
2) 책
3) 딸기
4) 교실
5) 커피

6) 친구
7) 가방
8) 학생
9) 선생님
10) 케이크

2. 그림을 보고 문장을 완성하세요.
Look at the picture and complete the sentence.

1)    저는 친구를 만나요.

2)    에릭 씨는 _____ 먹어요.

3)    소날 씨는 _____ 마셔요.

4)    테오 씨는 _____ 봐요.

5)    아야나 씨는 _____ 사요.

옷 clothes

3. 그림을 보고 대화를 만들어 보세요.
Look at the picture and create a dialogue.

1)

　가: 아야나 씨는 뭐를 먹어요?
　나: 저는 　사과를 먹어요　　　　　　　　　.

2)

　가: 테오 씨는 뭐를 마셔요?
　나: 저는 　　　　　　　　　　　　　　　　.

3)

　가: 제니 씨는 뭘 좋아해요?
　나: 저는 　　　　　　　　　　　　　　　　.

4)

　가: 다니엘 씨는 뭘 배워요?
　나: 　　　　　　　　　　　　　　　　　　.

5)

　가: 지금 뭐 해요?
　나: 　　　　　　　　　　　　　　　　　　.

6)

　가: 지금 뭐 해요?
　나: 　　　　　　　　　　　　　　　　　　.

7)

　가: 　　　　　　　　　　　　　　　　　?
　나: 　　　　　　　　　　　　　　　　　.

어휘 Vocabulary

1. 알맞은 것을 연결해 보세요.
Match the picture with the appropriate word.

1) 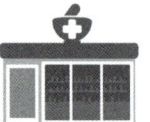 •   • ① 약국

2)  •   • ② 식당

3) •   • ③ 은행

4) •   • ④ 서점

5) •   • ⑤ 우체국

2. 그림을 보고 단어를 찾아보세요.
Look at the picture and circle the hidden words.

식	정	약	국
상	당	윤	공
홍	해	도	원
학	사	서	영
교	회	관	실
미	외	사	백
은	시	장	화
영	화	관	점

3. 그림을 보고 대화를 만들어 보세요.
Look at the picture and create a dialogue.

1)

가: 여기는 어디예요?
나: 미용실 (이에요)/ 예요.

2)

가: 여기는 어디예요?
나: _____ 이에요/예요.

3)

가: _____ 이/가 어디에 있어요?
나: _____ 안에 있어요.

4)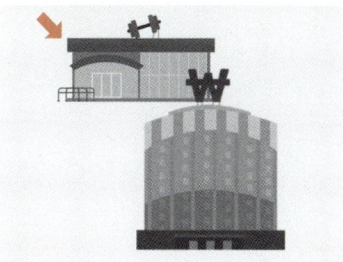

가: _____ 이/가 어디에 있어요?
나: _____ 뒤에 있어요.

5)

가: _____ 이/가 어디에 있어요?
나: _____ 옆에 있어요.

미용실 hair salon

문법과 표현 3 명에 가다/오다

1. '가요'와 '와요' 중에서 알맞은 것을 쓰세요.
Write '가요' or '와요' accordingly.

1) 크리스는 오늘 식당에 _____. 2) 나나는 학교에 _____.

2. 그림을 보고 문장을 완성하세요.
Look at the picture and complete the sentence.

1)  다니엘 씨는 <u>스포츠 센터에</u> 가요.

2)  안나 씨는 _____ 가요.

3)  에릭 씨는 _____ 와요.

4) 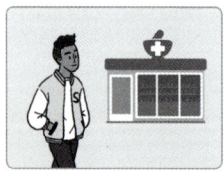 테오 씨는 _____.

5)  자밀라 씨는 _____.

가다 to go   오다 to come   고향 hometown   매일 every day

3. 그림을 보고 대화를 만들어 보세요.
Look at the picture and create a dialogue.

1)

가: 닛쿤 씨, 오늘 어디에 가요?
나: 회사에 가요   .

2)

가: 제니 씨, 오늘 어디에 가요?
나: _____.

3)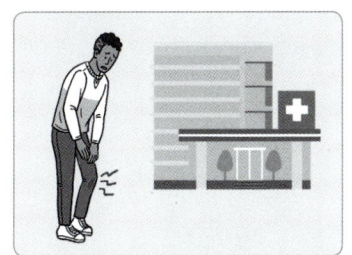

가: 에릭 씨, 지금 _____?
나: _____.

4)

가: 안나 씨, 지금 어디에 있어요?
나: 지금 공원에 있어요.
　　매일 _____.

5)

가: 엥흐 씨, 지금 어디에 있어요?
나: 도서관에 있어요.
　　저는 매일 _____.

6)

가: 마리 씨, 내일 학교에 와요?
나: 네. _____.

문법과 표현 4 명에서

1. 그림을 보고 문장을 완성하세요.
Look at the picture and complete the sentence.

1)  크리스 씨는 <u>시장에서</u> 과일을 사요.

2)  하이 씨는 _____ 숙제해요.

3)  안나 씨는 _____ 샌드위치를 먹어요.

4)  엥흐 씨는 오늘 _____ 일해요.

5) 아야나 씨는 _____ 혼자 영화를 봐요.

2. 알맞은 것을 고르세요.
Circle the appropriate location particle.

1) 저는 영화관(에 / (에서)) 영화를 봐요.

2) 나나 씨는 오늘 공원(에 / 에서) 가요.

3) 에릭 씨는 매일 스포츠 센터(에 / 에서) 운동해요.

4) 제니 씨는 학교(에 / 에서) 있어요.

5) 크리스 씨는 식당(에 / 에서) 친구를 만나요.

혼자 alone   영화 movie

3. 그림을 보고 대화를 만들어 보세요.
Look at the picture and create a dialogue.

1)

가: 닛쿤 씨, 오늘 어디에 가요?
나: 회사에 가요 .
가: 회사에서 뭐 해요 ?
나: 일해요 .

2)

가: 제니 씨, 오늘 어디에 가요?
나: .
가: ?
나: .

3)

가: 에릭 씨, 지금 뭐 해요?
나: .
가: ?
나: .

4)

가: 아야나 씨, ?
나: .
가: ?
나: .

4. 친구와 이야기해 보세요.
Talk with your partner.

어디에 가요? _____ 에서 뭐 해요?

복습 2

어휘 Vocabulary

✏️ 아는 단어에 ✔ 하세요.

3단원

음식 ☐	사과 ☐	물 ☐
빵 ☐	딸기 ☐	우유 ☐
샌드위치 ☐	수박 ☐	커피 ☐
과일 ☐	음료수 ☐	차 ☐
		주스 ☐

하나 ☐	넷 ☐	일곱 ☐
둘 ☐	다섯 ☐	여덟 ☐
셋 ☐	여섯 ☐	아홉 ☐
		열 ☐

여기 ☐	앞 ☐	위 ☐
저기 ☐	뒤 ☐	아래(밑) ☐
거기 ☐	옆 ☐	안 ☐
		밖 ☐

4단원

보다 ☐	아르바이트하다 ☐	마시다 ☐
좋아하다 ☐	전화하다 ☐	공부하다 ☐
사다 ☐	읽다 ☐	배우다 ☐
만나다 ☐	일하다 ☐	운동하다 ☐
먹다 ☐		

학교 ☐	우체국 ☐	회사 ☐
병원 ☐	영화관 ☐	은행 ☐
약국 ☐	서점 ☐	스포츠 센터 ☐
도서관 ☐	공원 ☐	시장 ☐
식당 ☐	백화점 ☐	

[1~3] 그림을 보고 알맞은 단어를 고르세요.

1.

   가: 지금 뭐 해요?
   나: (   ).

   ① 일해요   ② 운동해요   ③ 전화해요   ④ 아르바이트해요

2.

   가: 지금 뭐 해요?
   나: 빵을 (   ).

   ① 사요   ② 마셔요   ③ 만나요   ④ 배워요

3.

   가: 어디에서 친구를 만나요?
   나: (   ) 앞에서 만나요.

   ① 회사   ② 공원   ③ 영화관   ④ 스포츠 센터

[4~5] (   )에 들어갈 가장 알맞은 것을 고르세요.

4.
   가: 집에서 공부해요?
   나: 아니요. (   )에서 공부해요.

   ① 약국   ② 우체국   ③ 백화점   ④ 도서관

5.
   가: (   )가 어디예요?
   나: (   )는 명동이에요.

   ① 거기-저기   ② 여기-아래   ③ 여기-여기   ④ 저기-여기

문법과 표현
Grammar & Expression

3단원

명하고 명	물하고 주스가 있어요.
명 주세요	빵하고 커피 주세요.
명에 있어요/없어요	나나 씨는 학교에 있어요.
명 앞/뒤/옆/위/아래	은행은 백화점 앞에 있어요.

4단원

동-아요/어요	아야나는 자요.
명을/를	테오는 샌드위치를 먹어요.
명에 가다/오다	크리스는 식당에 가요.
명에서	안나는 도서관에서 공부해요.

[1~5] 다음에서 알맞은 말을 골라 문장을 완성하세요.

| 을 | 를 | (에) | 에서 | 하고 |

1. 하이는 회사(에) 가요.

2. 사과(　　) 딸기 주세요.

3. 나나는 커피(　　) 마셔요.

4. 제니는 텔레비전(　　) 봐요.

5. 다니엘은 스포츠 센터(　　) 운동해요.

복습 2

[6~8] 순서에 맞게 문장을 만드세요.

6. | 제니 | 도서관 | 는 | 책 | 읽어요 | 에서 | 을 |

   ➡ 제니는 도서관에서 책을 읽어요.

7. | 과일 | 는 | 크리스 | 하고 | 음료수 | 를 | 사요 |

   ➡ _____.

8. | 가방 | 아래 | 의자 | 에 | 있어요 | 은 |

   ➡ _____.

[9~10] 그림을 보고 대화를 완성하세요.

9. 가: 테오 씨는 어디에 있어요?
   나: _____.

10. 가: 휴대폰이 어디에 있어요?
    나: _____.

[11~12] 대화를 완성하세요.

11. 가: _____?
    나: 카페에서 커피를 마셔요.

12. 가: _____?
    나: 학교에 가요.

듣기 Listening

[1~2] 다음을 듣고 알맞은 것을 고르세요.

1. (　　　　)에 가요.

   ① 고향　　② 공원　　③ 교실　　④ 거기

2. 빵집은 문구점 (　　　　)에 있어요.

   ① 열　　② 옆　　③ 안　　④ 앞

[3~5] 다음을 듣고 물음에 맞는 대답을 고르세요.

3. ① 어서 오세요.　　② 빵이 있어요.
   ③ 네. 여기 있어요.　　④ 아니요. 빵이 없어요.

4. ① 네. 볼펜을 사요.　　② 아니요. 하나 있어요.
   ③ 네. 가방 안에 있어요.　　④ 아니요. 볼펜이 아니에요.

5. ① 네. 숙제해요.　　② 집에서 숙제해요.
   ③ 매일 편의점에 가요.　　④ 아니요. 도서관 옆에 있어요.

[6~7] 다음을 듣고 이어지는 말을 고르세요.

6. ① 네. 안경이에요.　　② 네. 안경이 없어요.
   ③ 아니요. 휴지를 사요.　　④ 아니요. 휴지가 아니에요.

7. ① 모자를 사요.　　② 네. 백화점에 가요.
   ③ 혼자 백화점에 있어요.　　④ 아니요. 모자가 없어요.

복습 2

[8~9] 여기는 어디입니까? 알맞은 것을 고르세요.

8. ① 약국　　② 회사　　③ 공원　　④ 카페

9. ① 학교　　② 병원　　③ 서점　　④ 은행

[10~11] 다음 대화를 듣고 알맞은 그림을 고르세요.

10. ① 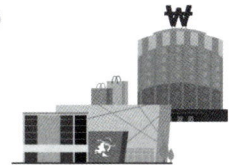　② 　③ 　④

11. ① 　② 　③ 　④

[12~15] 다음을 듣고 들은 내용과 같은 것을 고르세요.

12. ① 남자는 매일 영화관에 가요.　　② 여자는 오늘 영화관에 가요.
　　③ 남자는 한국 영화를 좋아해요.　④ 여자는 내일 중국 영화를 봐요.

13. ① 방에 우산이 없어요.　　　　② 의자는 책상 옆에 있어요.
　　③ 우산은 의자 옆에 있어요.　④ 우산은 의자 아래에 있어요.

14. ① 남자는 요리 선생님이에요.　　② 남자는 한국 식당에서 일해요.
　　③ 남자는 호주에서 요리를 배워요.④ 남자는 지금 한국 음식을 사요.

15. ① 여자는 한국 가수예요.　　　② 여자는 오늘 서점에서 일해요.
　　③ 여자는 오늘 한국어 책을 사요.④ 여자는 미국에서 한국어를 배워요.

읽기 Reading

[1~3] ( )에 들어갈 가장 알맞은 것을 고르세요.

1. 오늘 명동에 가요. 명동에는 ( ) 가게가 있어요.

   ① 백화점을　　② 백화점하고　　③ 백화점에는　　④ 백화점에서

2. 오늘 도서관에 가요. 도서관은 학교 ( ).

   ① 주세요　　② 숙제해요　　③ 옆에 있어요　　④ 여기 있어요

3. 엥흐 씨는 학교에 있어요. 학교에서 ( ).

   ① 가요　　② 좋아해요　　③ 책이에요　　④ 책을 읽어요

[4~5] 그림을 보고 맞지 않는 것을 고르세요.

4.

   ① 책은 침대 위에 있어요.
   ② 책 옆에 공책이 있어요.
   ③ 볼펜은 침대 밑에 없어요.
   ④ 침대 위에 휴대폰이 있어요.

5.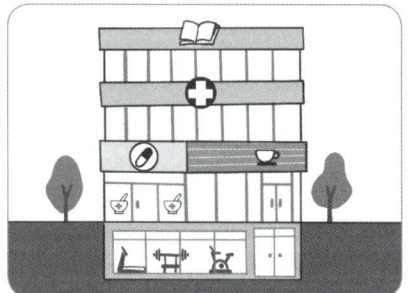

   ① 병원은 2층에 있어요.
   ② 서점은 병원 위에 있어요.
   ③ 여기에 스포츠 센터가 있어요.
   ④ 약국 아래에는 카페가 있어요.

[6~7] 다음을 읽고 순서가 알맞은 것을 고르세요.

6.
> (가) 그리고 콜라를 마셔요.
> (나) 저는 한국 음식을 좋아해요.
> (다) 거기에서 한국 음식을 먹어요.
> (라) 그래서 매일 한국 식당에 가요.

① (나) - (라) - (다) - (가)　　② (나) - (다) - (라) - (가)
③ (다) - (라) - (가) - (나)　　④ (다) - (가) - (나) - (라)

7.
> (가) 저는 오늘 강남에 가요.
> (나) 저는 식당 앞에서 친구를 만나요.
> (다) 그리고 친구하고 같이 밥을 먹어요.
> (라) 강남에는 식당하고 카페가 많이 있어요.

① (가) - (라) - (다) - (나)　　② (가) - (라) - (나) - (다)
③ (라) - (나) - (가) - (다)　　④ (라) - (나) - (다) - (가)

[8~10] 다음 내용과 같은 것을 고르세요.

8.
> 저는 학교에서 한국어를 배워요. 그리고 카페에 가요. 카페는 학교 앞에 있어요. 저는 매일 거기에서 커피를 마셔요. 그리고 친구하고 같이 한국어 숙제를 해요.

① 저는 친구하고 숙제해요.　　② 저는 학교에서 친구를 만나요.
③ 저는 학교에서 커피를 마셔요.　　④ 저는 카페에서 한국어를 배워요.

9.
> 우리 집 앞에 편의점이 있어요. 편의점에 빵하고 우유하고 과일이 있어요. 그리고 볼펜하고 지우개가 있어요. 저는 오늘 그 편의점에 가요. 편의점에서 바나나하고 우유를 사요.

① 편의점은 집 옆에 있어요.
② 이 편의점에 우유가 없어요.
③ 지우개는 과일 옆에 있어요.
④ 저는 편의점에서 과일을 사요.

10.
> 제 친구 다니엘 씨는 미국 사람이에요. 다니엘 씨는 오늘 빵집에서 아르바이트를 해요. 저는 지금 그 빵집에 가요. 거기에서 빵을 사요. 그리고 다니엘 씨를 만나요.

① 저는 빵집에서 일해요.
② 저는 미국에서 왔어요.
③ 저는 빵을 많이 먹어요.
④ 저는 오늘 다니엘을 만나요.

[11] 다음을 읽고 중심 생각을 고르세요.

11.
> 저는 영화를 좋아해요. 그래서 매일 영화를 봐요. 오늘은 제니 씨하고 같이 영화를 봐요. 우리는 영화관 앞에서 만나요. 그리고 영화를 봐요.

① 저는 영화를 좋아해요.
② 저는 영화관에서 일해요.
③ 저는 영화관 앞에 있어요.
④ 저는 제니를 매일 만나요.

[12~13] 다음을 잘 읽고 알맞은 것을 고르세요.

> 저는 학교에서 한국어를 배워요. 그리고 스포츠 센터에서 운동해요. 스포츠 센터는 학교 옆에 있어요. 스포츠 센터에는 사람이 많이 있어요.
> 저는 매일 혼자 스포츠 센터에서 운동해요. 저는 (   )을/를 좋아해요.

12. (   )에 들어갈 알맞은 말을 고르세요.

    ① 학교　　　　② 숙제　　　　③ 운동　　　　④ 혼자

13. 이 글의 내용과 같은 것을 고르세요.

    ① 저는 친구하고 같이 운동해요.　　② 저는 매일 스포츠 센터에 가요.
    ③ 저는 스포츠 센터에서 공부해요.　　④ 학교 안에는 사람이 많이 있어요.

[14~15] 다음을 잘 읽고 알맞은 것을 고르세요.

> 저는 매일 시장에 가요. 시장은 우리 집 뒤에 있어요. 시장에는 가게가 많이 있어요. 저는 ㉠**거기**에서 과일하고 음식을 사요.
> 오늘은 친구가 우리 집에 와요. 그래서 오늘은 수박 하나하고 딸기케이크를 사요. 친구는 과일을 좋아해요. 친구하고 집에서 과일하고 케이크를 먹어요. 그리고 같이 영화를 봐요.

14. ㉠**거기**는 어디입니까?

    ① 집　　　　② 가게　　　　③ 집 앞　　　　④ 영화관

15. 이 글의 내용과 같은 것을 고르세요.

    ① 저는 과일을 좋아해요.　　② 저는 지금 시장에 가요.
    ③ 시장 앞에 우리 집이 있어요.　　④ 저는 오늘 친구의 집에 가요.

쓰기 Writing

✏️ **질문을 잘 읽고 100~200자로 글을 쓰세요.**

> 매일 어디에 가요? 거기는 어디에 있어요? 거기에서 뭐 해요?

💡 글을 다 썼어요?
다시 한번 읽어 보세요.

말하기 Speaking

복습 2

1. 문법을 사용해서 친구와 이야기해 보세요.

명 하고 명

1) 과일이 있어요?
2) 방에 뭐가 있어요?

명 주세요

3) ☕ 어서 오세요.
4) 🏪 어서 오세요.

명 에 있어요/없어요

5) _____ 씨가 교실에 있어요?
6) 휴대폰이 어디에 있어요?

명 앞/뒤/옆/위/아래

7) 냉장고 안에 뭐가 있어요?
8) _____ 씨 집 앞에 뭐가 있어요?

동 -아요/어요

9) 지금 뭐 해요?
10) 오늘 뭐 해요?

명 을/를

11) 학교에서 뭐 해요?
12) 뭘 좋아해요?

명 에 가다/오다

13) 오늘 도서관에 가요?
14) 내일 어디에 가요?

명 에서

15) 어디에서 밥을 먹어요?
16) 어디에서 친구를 만나요?

2. 그림을 보고 이야기를 만들어 보세요.

- ☐ 명하고 명
- ☐ 명 앞/뒤/옆/위/아래
- ☐ 명에 가다/오다
- ☐ 명 주세요
- ☐ 동-아요/어요
- ☐ 명에서
- ☐ 명에 있어요/없어요
- ☐ 명을/를

발음 Pronunciation

3단원

'있어요'는 [이써요]로, '없어요'는 [업써요]로 발음합니다.

주스가 **있어요**.
　　　[이써요]

여기에 **없어요**.
　　　[업써요]

🎧 잘 듣고 따라 해 보세요.

❶ 우유가 냉장고에 **있어요**.

❷ 공원에 사람이 **없어요**.

4단원

받침은 뒤 음절이 모음으로 시작하면 그 음절의 첫소리로 발음됩니다.

도서**관에**서 공부해요.
[도서과네서]

서**점에**서 **책을** 사요.
[서저메서] [채글]

🎧 잘 듣고 따라 해 보세요.

❶ 교**실에**서 커피를 마셔요.

❷ 가방하고 **옷을** 사요.

🎧 잘 듣고 따라 해 보세요.

❶ 가: 영화관이 어디에 있어요?
　　나: 학교 옆에 있어요.

❷ 가: 오늘 우체국에 가요?
　　나: 아니요. 내일 가요.

5

식당 Restaurant

5-1 비빔밥하고 불고기가 맛있어요

5-2 주스 세 병에 오천 원이에요

5-1	어휘	음식, 형용사 ①
	문법과 표현	명 이/가 형 -아요/어요 안 동 형
5-2	어휘	개수와 가격
	문법과 표현	명 개/병/잔/그릇 가격

어휘 Vocabulary

1. 그림을 보고 알맞은 단어를 골라 쓰세요.
Look at the picture and choose an appropriate word to fill in the blanks.

| 방 | 책 | 가방 | 시계 | ⟨영화⟩ | 불고기 |

| 많다 | 싸다 | 좋다 | 맛없다 | 맛있다 |
| 비싸다 | 깨끗하다 | ⟨재미있다⟩ | 친절하다 | |

1) ___영화___
2) ___재미있다___

3) _____
4) _____

5) _____
6) _____

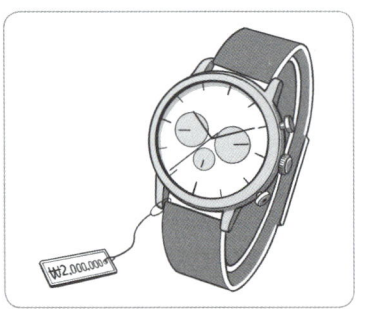

7) _____
8) _____

9) _____
10) _____

11) _____
12) _____

2. 그림을 보고 대화를 만들어 보세요.
Look at the picture and create a dialogue.

1)

가: 이거는 뭐예요?
나: 김치찌개예요   .

2)

가: 뭐 먹어요?
나: .

3)

가: 뭐 좋아해요?
나: .

4)

가: 뭐가 있어요?
나: .

5)

가: 시장에서 뭐를 사요?
나: .

6)

가: ?
나: 네. 냉장고 안에 있어요.

문법과 표현 1 명이/가 형-아요/어요

1. 알맞은 것을 연결해 보세요.
Match the words to the appropriate subject particle.

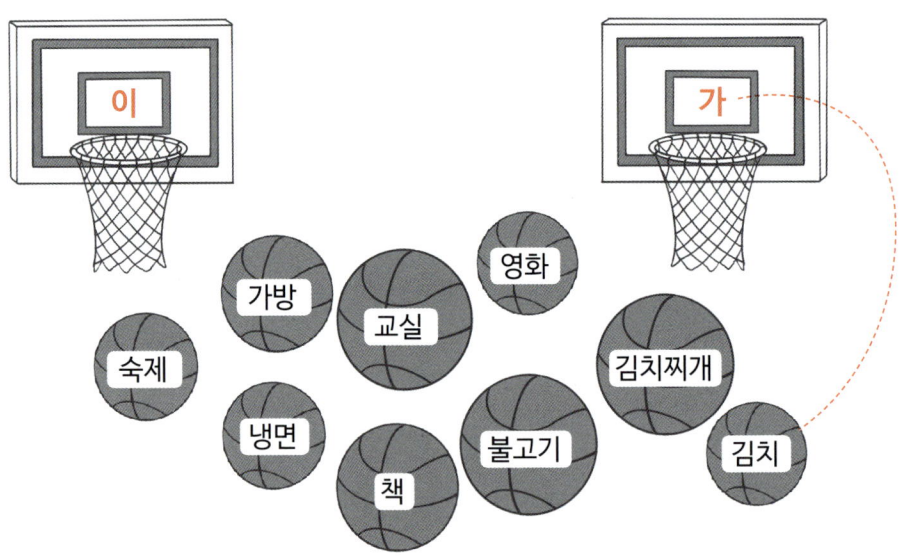

2. 다음에서 단어를 골라 문장을 완성해 보세요.
Choose a word from the following to complete the sentence.

| 많다 싸다 좋다 맛있다 비싸다 깨끗하다 재미있다 |

1) 불고기 가 맛있어요   .

2) 기숙사   .

3) 이 드라마   .

4) 학생 식당의 김치찌개   .

기숙사 dorm(itory)

3. 그림을 보고 대화를 만들어 보세요.
Look at the picture and create a dialogue.

1)
가: 비빔밥이 맛있어요?
나: 네. 맛있어요.

2)
가: 휴대폰이 _____?
나: 네. 좋아요.

3)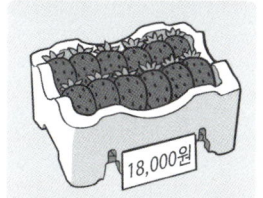
가: 영화가 재미있어요?
나: 아니요. _____.

4)
가: 딸기가 _____?
나: 아니요. _____.

5)
가: 식당에 사람이 _____?
나: 네. _____.

4. 다음을 보고 문장을 만들어 보세요.
Look at the picture and create a sentence.

| 가방 | 비빔밥 | 영화 |
| 교실 | 친구 | 책 |

가방이 싸요.

문법과 표현 2 안 동 형

1. 빈칸에 알맞게 쓰세요.
Fill in the blanks.

	안		안
보다	안 봐요	많다	
만나다		좋다	
좋아하다		깨끗하다	
숙제하다		친절하다	

2. 그림을 보고 대화를 만들어 보세요.
Look at the picture and create a dialogue.

1)
가: 오늘 강남에 가요?
나: 아니요. 안 가요   .

2)
가: 커피를 마셔요?
나: 아니요.   .

3)
가: 유진 씨는 고기를 먹어요?
나: 아니요.   .

4)
가: 테오 씨는 매일 운동해요?
나: 아니요.   .

고기 meat

5) 가: 라면을 좋아해요?
   나: 아니요. _____.

6) 가: 나나 씨의 방이 깨끗해요?
   나: 아니요. _____.

3. 다음을 보고 '안'을 사용해서 문장을 완성해 보세요. 그리고 여러분의 이야기를 해 보세요.
Use '안' to complete the sentence. Also, share your preferences to the class.

	안나	아야나	에릭	
1)	O	X	O	
2)	X	X	O	
3)	O	O	X	
4)	X	O	X	

1) 안나 씨는 고기를 먹어요. 아야나 씨는 __고기를 안 먹어요__. (먹다)

2) 안나 씨하고 아야나 씨는 _____. (마시다)

3) 에릭 씨는 _____. (운동하다)

4) 안나 씨하고 에릭 씨는 _____. (읽다)

5) 저는 _____.
   그리고 저는 _____.

라면 ramen   그리고 and

어휘 Vocabulary

1. 그림을 보고 대화를 만들어 보세요.
Look at the picture and create a dialogue.

1)
가: <u>메뉴</u> 좀 주세요.
나: 네. 여기 있어요.

2)
가: _____ 하나 주세요.
나: 네. 여기 있어요.

3)
가: 이 식당은 뭐가 맛있어요?
나: _____ 이/가 아주 맛있어요.

4)
가: 뭐를 먹어요?
나: _____ 을/를 먹어요.

5)
가: _____ 하나하고 _____ 하나 주세요.
나: 네. 여기 있어요.

아주 very

2. 알맞은 것을 연결해 보세요.
Match the number to the appropriate word.

3. 3, 6, 9 게임을 해 보세요.
Try playing the 3, 6, 9 game.

문법과 표현 3 몡 개/병/잔/그릇

1. 그림을 보고 알맞은 것을 연결하고 써 보세요.
Match the picture to the appropriate word and write it.

1) 주스 <u>한 잔</u>　　　　　2) 사과 _____

3) 우유 _____　　　　　4) 빵 _____

5) 커피 _____　　　　　6) 비빔밥 _____

2. 그림을 보고 문장을 완성해 보세요.
Look at the picture and complete the sentence.

1) <u>사과 한 개</u> 주세요.

2) _____ 하고 _____ 을/를 마셔요.

3) _____ 하고 _____ 이/가 있어요.

4) _____ 하고 _____ 주세요.

3. 그림을 보고 대화를 완성해 보세요.
Look at the picture and complete the dialogue.

1)

🧑 어서 오세요.
👩 커피 세 잔 주세요.
🧑 네. 여기 있어요.
👩 그리고 케이크 있어요?
🧑 네. 초콜릿 케이크하고 딸기 케이크가 있어요.
👩 초콜릿 케이크 한 개 주세요.
🧑 여기 있어요.
👩 감사합니다.

2) 🧑 어서 오세요.
👩 _____ 주세요.
🧑 네. 여기 있어요.
👩 그리고 _____ 있어요?
🧑 네. 바나나우유하고 딸기우유가 있어요.
👩 _____ 주세요.
🧑 여기 있어요.
👩 _____ .

3)

🧑 어서 오세요.
👨 _____ .
🧑 네. 여기 있어요.
👨 그리고 _____ ?
🧑 네. 초콜릿아이스크림하고 딸기아이스크림이 있어요.
👨 _____ .
🧑 여기 있어요.
👨 _____ .

📝 초콜릿 chocolate

문법과 표현 ④ 가격

1. 그림을 보고 가격을 이야기해 보세요.
Look at the picture and share how much it costs.

1)  ₩ 39,900

2) 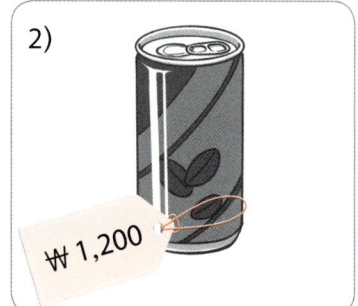 ₩ 1,200

3) 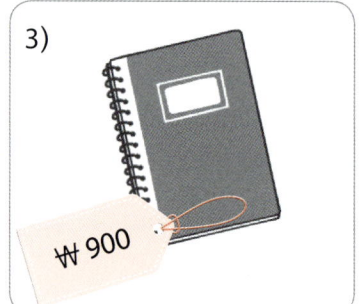 ₩ 900

4)  ₩ 7,000

5) 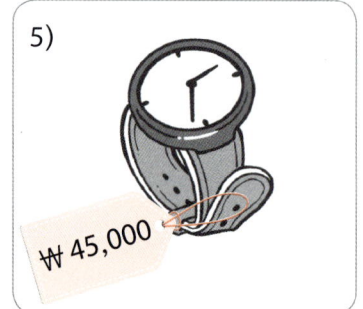 ₩ 45,000

6) 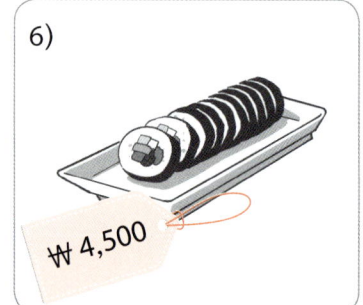 ₩ 4,500

7) 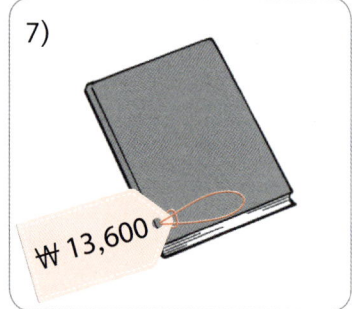 ₩ 13,600

8) 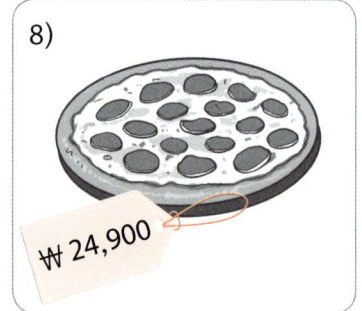 ₩ 24,900

9) 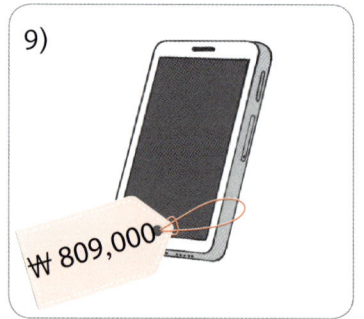 ₩ 809,000

10) 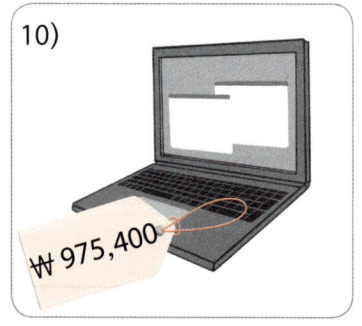 ₩ 975,400

가방이 얼마예요?

삼만 구천구백 원이에요.

2. 그림을 보고 가격을 이야기해 보세요.
Circle what you ordered from the menu and talk with your partner about the price of the item.

영 수 증

이름: 오세요식당
날짜: 9월 20일

콜라 1	2,000원
사이다 2	4,000원
피자 1	19,900원
스파게티 2	24,800원

영 수 증

이름: 서울식당
날짜: 9월 20일

비빔밥 1	13,000원
불고기 1	16,000원
김치찌개 2	18,000원
커피 4	22,000원

뭐를 마셔요?

콜라가 얼마예요?

콜라를 마셔요.

한 병에 이천 원이에요.

5-2. 주스 세 병에 오천 원이에요

6

날짜와 요일 Dates & Days of the Week

6-1 토요일에 친구를 만나요

6-2 친구들하고 밥을 먹을 거예요

6-1	어휘	요일
	문법과 표현	명에
		명도

6-2	어휘	날짜, 동사 ②
	문법과 표현	동-(으)ㄹ 거예요
		명만

어휘 Vocabulary

1. 그림을 보고 빈칸에 알맞은 말을 쓰세요.
Look at the picture and fill in the blanks.

8) 오늘은 수요일이에요. 내일은 _____.

9) 토요일하고 일요일은 _____. 학교에 안 가요.

10) 제 생일은 이번 주 _____.

2. 빈칸에 알맞은 단어를 쓰세요.
Fill in the boxes with an appropriate word.

	어제	오늘	내일
1)	월 요 일	화요일	수 요 일
2)	☐ ☐ ☐	금요일	☐ ☐ ☐
3)	☐ ☐ ☐	일요일	☐ ☐ ☐
4)	☐ ☐ ☐	수요일	☐ ☐ ☐

5) 아 침 / ☐ ☐ / ☐ ☐

3. 친구와 이야기해 보세요.
Talk with your partner.

오늘이 무슨 요일이에요?

무슨 요일을 좋아해요?

문법과 표현 1 몡에

1. 그림을 보고 대화를 만들어 보세요.
Look at the picture and create a dialogue.

1) 가: 무슨 요일에 도서관에 가요?
   나: 월요일에 도서관에 가요.

2) 가: 무슨 요일에 일본어를 가르쳐요?
   나: _____.

3) 가: 무슨 요일에 쇼핑을 해요?
   나: _____.

4) 가: 언제 시간이 있어요?
   나: _____.

5) 가: 언제 한국 요리를 배워요?
   나: _____.

6) 가: 무슨 요일에 책을 읽어요?
   나: _____.

일본어 Japanese   가르치다 to teach   쇼핑 shopping   언제 when   요리 cooking

2. 그림을 보고 대화를 만들어 보세요.
Look at the picture and create a dialogue.

1) 가: 월요일에 뭐 해요?

   나: 월요일에는 한국어를 공부해요_____.

2) 가: 금요일에 뭐 해요?

   나: _____.

3) 가: 토요일 저녁에 뭐 해요?

   나: _____.

3. 친구와 이야기해 보세요.
Talk with your partner.

1)

   가: 무슨 요일에 운동해요?

   나: _____.

2)

   가: 금요일 저녁에 뭐 해요?

   나: _____.

3)

   가: 이번 주 주말에 뭐 해요?

   나: _____.

문법과 표현 2 명도

1. 그림을 보고 문장을 완성해 보세요.
Look at the picture and complete the sentence.

1)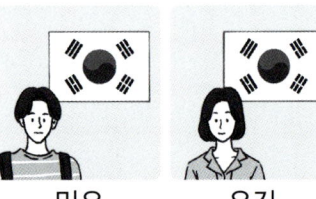
민우 유진

민우 씨는 한국 사람이에요.
　유진 씨도 한국 사람이에요　　　　　．

2)
저　　제 친구

저는 학교에 가요.
＿＿＿＿＿＿＿＿＿＿＿＿＿＿＿＿．

3)
에릭　　안나

에릭 씨는 토요일에 약속이 있어요.
＿＿＿＿＿＿＿＿＿＿＿＿＿＿＿＿．

4)
비빔밥　　김치

나나 씨는 비빔밥을 먹어요.
＿＿＿＿＿＿＿＿＿＿＿＿＿＿＿＿．

5)
모자　　가방

저는 모자를 사요.
＿＿＿＿＿＿＿＿＿＿＿＿＿＿＿＿．

6)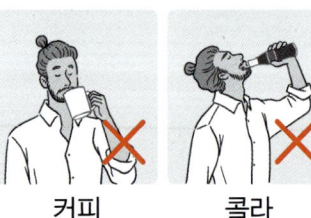
커피　　콜라

크리스 씨는 커피를 안 마셔요.
＿＿＿＿＿＿＿＿＿＿＿＿＿＿＿＿．

모자 hat

2. 그림을 보고 대화를 만들어 보세요.
Look at the picture and create a dialogue.

1) 가: 언제 일본어를 가르쳐요?

   나: <u>월요일에 가르쳐요</u>. 그리고 <u>수요일에도 가르쳐요</u>.

2) 가: 무슨 요일에 태권도를 배워요?

   나: _____.

   그리고 _____.

3) 가: 언제 친구를 만나요?

   나: _____.

   그리고 _____.

3. 친구와 나의 공통점은 뭐예요? 이야기해 보세요.
Share what you and your partner have in common.

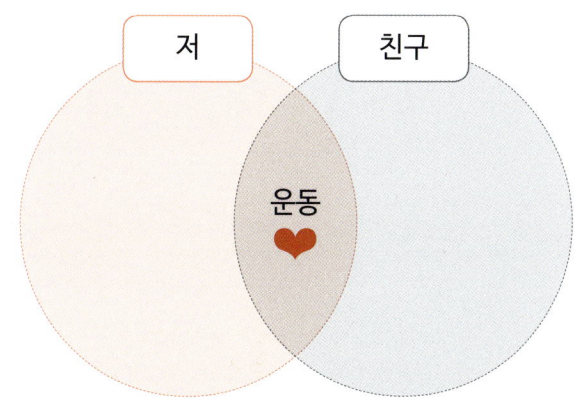

저는 운동을 좋아해요.
친구도 운동을 좋아해요.

어휘 Vocabulary

1. 그림을 보고 대화를 만들어 보세요.
Look at the picture and create a dialogue.

1) 가: 오늘이 며칠이에요?
   나: 유월 육 일이에요.

2)  가: 시험이 며칠이에요?
   나: _____.

3)  가: 크리스마스가 며칠이에요?
   나: _____.

2. 친구와 이야기해 보세요.
Talk with your classmates.

_____ 씨, 생일이 며칠이에요?

제 생일은 ___월 ___일이에요.

친구 이름	생일	친구 이름	생일
하이	11월 21일		

시험 test   크리스마스 Christmas

3. 그림을 보고 대화를 만들어 보세요.
Look at the picture and create a dialogue.

1)
가: 주말에 뭐 해요?
나: 등산해요   .

2)
가: 지금 뭐 해요?
나: .

3)
가: 오늘도 도서관에서 공부해요?
나: 아니요.   .

4)
가: 토요일에 공원에서 뭐 해요?
나: 친구하고   .

5)
가: 백화점에서 쇼핑해요?
나: 아니요.   . 돈이 없어요.

4. 친구와 이야기해 보세요.
Talk with your partner.

- 오늘이 며칠이에요?
- 시험이 언제예요?
- 언제 고향에 가요?

하고 with

문법과 표현 3 동-(으)ㄹ 거예요

1. 빈칸에 알맞게 쓰세요.
Fill in the blanks.

	-(으)ㄹ 거예요		-(으)ㄹ 거예요
가다	갈 거예요	먹다	먹을 거예요
쉬다		읽다	
배우다		찍다	
마시다		운전하다	
가르치다		청소하다	

2. 그림을 보고 대화를 만들어 보세요.
Look at the picture and create a dialogue.

1)
가: 주말에 뭐 할 거예요?
나: 혼자 영화를 볼 거예요.

2)
가: 방학에 뭐 할 거예요?
나: _____.

3)
가: 내일 뭐 할 거예요?
나: _____.

4)
가: 다음 주 금요일에 뭐 할 거예요?
나: _____.

운전하다 to drive   방학 (school) break

3. 그림을 보고 대화를 만들어 보세요.
Look at the picture and create a dialogue.

1)
가: 주말에 뭐 할 거예요?
나: 바다에 갈 거예요   .
가: 바다에서 뭐 할 거예요?
나: 사진을 찍을 거예요   .

2)
가: 토요일에 어디에 갈 거예요?
나: .
가: 친구하고 뭐 할 거예요?
나: .

3)
가: 내일 어디에 갈 거예요?
나: .
가: 거기에서 뭐 할 거예요?
나: .

4. 친구와 이야기해 보세요.
Talk with your classmates.

1) 오늘 누구를 만날 거예요?
2) 오늘 어디에서 점심을 먹을 거예요?
3) 이번 주 주말에 뭐 할 거예요?

친구 이름: _____   친구 이름: _____

바다 beach   점심 lunch

문법과 표현 4 명만

1. 그림을 보고 대화를 만들어 보세요.
Look at the picture and create a dialogue.

1)
하이 씨

가: 모두 회사원이에요?
나: 아니요. 하이 씨만 회사원이에요   .

2)
아야나 씨

가: 모두 교실에 있어요?
나: 아니요.   .

3)
에릭 씨

가: 모두 축구를 좋아해요?
나: 아니요.   .

4)
나나 씨

가: 하이 씨, 오늘 엥흐 씨도 만나요?
나: 아니요.   .

5)
우유

가: 닛쿤 씨, 주스도 사요?
나: 아니요.   .

6)
일본어

가: 마리 씨, 중국어도 가르쳐요?
나: 아니요.   .

모두 all

2. 그림을 보고 대화를 만들어 보세요.
Look at the picture and create a dialogue.

1)
평일

가: 토요일에도 학교에 가요?
나: 아니요. 평일에만 학교에 가요.

2)
금요일

가: 매일 청소해요?
나: 아니요. _____.

3)
집

가: 영화관에서 영화를 봐요?
나: 아니요. _____.

4)
노래방

가: 집에서 노래해요?
나: 아니요. _____.

3. 다음 문장을 완성해 보세요.
Complete the following sentences.

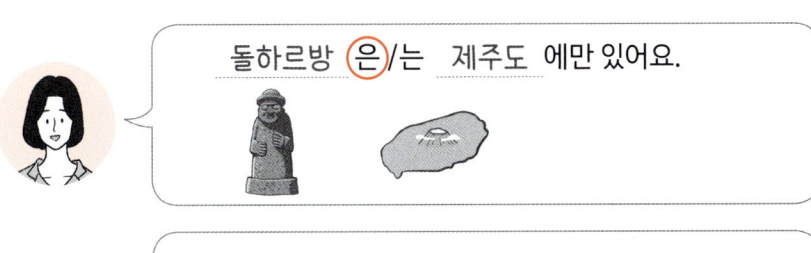

돌하르방 (은)/는 제주도 에만 있어요.

_____ 씨는 _____ 만 좋아해요.

 우리 반에서 _____ 씨만 _____ 사람이에요.

노래하다 to sing   노래방 noraebang   돌하르방 dolhareubang   제주도 Jeju Island

복습 3

어휘 Vocabulary

✎ 아는 단어에 ✔ 하세요.

5단원

맛있다 ☐	싸다 ☐	비빔밥 ☐	떡볶이 ☐
맛없다 ☐	비싸다 ☐	냉면 ☐	메뉴 ☐
재미있다 ☐	많다 ☐	김치 ☐	콜라 ☐
재미없다 ☐	친절하다 ☐	김치찌개 ☐	사이다 ☐
깨끗하다 ☐	김밥 ☐	갈비탕 ☐	햄버거 ☐
좋다 ☐	불고기 ☐	삼겹살 ☐	피자 ☐
			스파게티 ☐

일 ☐	육 ☐	이십 ☐	칠십 ☐
이 ☐	칠 ☐	삼십 ☐	팔십 ☐
삼 ☐	팔 ☐	사십 ☐	구십 ☐
사 ☐	구 ☐	오십 ☐	백 ☐
오 ☐	십 ☐	육십 ☐	천 ☐
			만 ☐

6단원

월요일 ☐	평일 ☐	지난주 ☐
화요일 ☐	주말 ☐	이번 주 ☐
수요일 ☐	어제 ☐	다음 주 ☐
목요일 ☐	오늘 ☐	아침 ☐
금요일 ☐	내일 ☐	점심 ☐
토요일 ☐		저녁 ☐
일요일 ☐		시간 ☐

일월 ☐	칠월 ☐	월 ☐	등산하다 ☐
이월 ☐	팔월 ☐	일 ☐	산책하다 ☐
삼월 ☐	구월 ☐	며칠 ☐	사진을 찍다 ☐
사월 ☐	시월 ☐	청소하다 ☐	쇼핑하다 ☐
오월 ☐	십일월 ☐	구경하다 ☐	빨래하다 ☐
유월 ☐	십이월 ☐		

[1~3] 그림을 보고 알맞은 단어를 고르세요.

1. 가: 한국 음식을 좋아해요?
   나: 네. (   )이/가 맛있어요.

   ① 갈비탕　　② 삼겹살　　③ 비빔밥　　④ 떡볶이

2. 가: 오늘이 며칠이에요?
   나: (   )이에요.

   ① 육월 십이 일　② 유월 십일 일　③ 육월 십일 일　④ 유월 십이 일

3. 가: 다음 주에 뭐 할 거예요?
   나: (   ).

   ① 청소할 거예요　② 등산할 거예요　③ 산책할 거예요　④ 빨래할 거예요

[4~5] (   )에 들어갈 가장 알맞은 것을 고르세요.

4.
   가: 가방을 사요?
   나: 아니요. 안 사요. 가방이 (   ).

   ① 좋아요　　② 비싸요　　③ 맛있어요　　④ 재미있어요

5.
   가: 고기를 좋아해요?
   나: 아니요. 저는 고기를 (   ). 고기를 (   ).

   ① 없어요 - 좋아해요　　　　　　② 안 먹어요 - 안 좋아요
   ③ 아니에요 - 안 좋아해요　　　　④ 안 먹어요 - 안 좋아해요

복습 3　125

문법과 표현
Grammar & Expression

5단원

명이/가 형-아요/어요	사과가 **싸요**.
안 동 형	저는 고기를 **안 먹어요**.
명 개/병/잔/그릇	**커피 한 잔** 주세요.
가격	콜라 세 병에 **육천 원**이에요.

6단원

명에	**토요일에** 뭐 해요?
명도	저는 학생이에요. **제니 씨도** 학생이에요.
동-(으)ㄹ 거예요	내일 친구하고 같이 사진을 **찍을 거예요**.
명만	에릭 씨는 저 **가수만** 좋아해요.

[1~5] 다음에서 알맞은 말을 골라 문장을 완성하세요.

| 이 | 가 | 에 | 도 | 만 |

1. 저는 매일 방을 청소해요. 방(   ) 깨끗해요.

2. 요즘 약속이 많아요. 내일(   ) 약속이 없어요.

3. 이 영화(   ) 재미있어요.

4. 저는 내일 유진 씨를 만날 거예요. 닛쿤 씨(   ) 만날 거예요.

5. 비빔밥은 한 그릇(   ) 만 원이에요.

[6~8] 순서에 맞게 문장을 만드세요.

6. | 에 | 무슨 | 약속이 | 요일 | 있어요 |

   ➡ _____?

7. | 는 | 사과 | 에 | 다섯 개 | 얼마예요 |

   ➡ _____?

8. | 다음 주 | 에 | 안 | 만 | 아르바이트를 | 할 거예요 |

   ➡ _____.

[9~10] 그림을 보고 대화를 완성하세요.

9. 가: 무슨 음식이 맛있어요?

   나: _____.

10. 가: 언제 시간이 있어요?

    나: _____.

[11~12] 대화를 완성하세요.

11. 가: 오늘이 _____?

    나: 12월 25일이에요.

12. 가: _____?

    나: 오늘은 수요일이에요.

듣기 Listening

[1~3] 다음을 듣고 물음에 맞는 대답을 고르세요.

1. ① 네. 금요일이에요.　　② 네. 이거는 시계예요.
　　③ 아니요. 시간이 없어요.　　④ 아니요. 금요일에만 가요.

2. ① 김치찌개가 맛없어요.　　② 이거는 음식이 아니에요.
　　③ 저는 갈비탕을 좋아해요.　　④ 저는 지금 피자를 먹어요.

3. ① 아니요. 제니 씨가 가요.　　② 아니요. 제니 씨만 가요.
　　③ 아니요. 제니 씨가 있어요.　　④ 아니요. 제니 씨는 안 가요.

[4~5] 다음을 듣고 이어지는 말을 고르세요.

4. ① 저는 매일 일해요.　　② 일이 아주 많아요.
　　③ 한국어를 공부해요.　　④ 한국어가 재미있어요.

5. ① 저기가 한강이에요.　　② 사진을 찍을 거예요.
　　③ 일요일에 갈 거예요.　　④ 이번 주에는 시간이 없어요.

[6~7] 여기는 어디입니까? 알맞은 것을 고르세요.

6. ① 식당　　② 회사　　③ 시장　　④ 부엌

7. ① 서점　　② 백화점　　③ 문구점　　④ 스포츠 센터

[8~9] 다음은 무엇에 대해 말하고 있습니까? 알맞은 것을 고르세요.

8. ① 주말　　② 학교　　③ 친구　　④ 평일

9. ① 일　　② 쇼핑　　③ 산책　　④ 등산

[10~11] 다음 대화를 듣고 알맞은 그림을 고르세요.

10. ①  ②  ③ 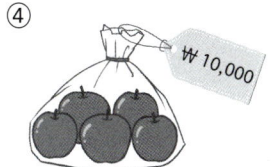 ④

11. ①  ②  ③  ④

[12~13] 다음을 듣고 들은 내용과 같은 것을 고르세요.

12. ① 남자는 매일 이 식당에 와요.　② 여자는 한국 음식을 좋아해요.
　　③ 남자는 김치찌개를 안 좋아해요.　④ 여자는 지금 김치찌개를 먹어요.

13. ① 여자는 화요일에 약속이 있어요.　② 여자는 금요일에 시간이 없어요.
　　③ 남자는 요즘 아르바이트를 안 해요.　④ 남자는 금요일에 여자를 만날 거예요.

[14~15] 다음을 듣고 물음에 답하세요.

14. 오늘은 무슨 요일이에요?
　　① 목요일　② 금요일
　　③ 토요일　④ 일요일

15. 맞는 것을 고르세요.
　　① 남자는 주말을 좋아해요.　② 여자는 남자하고 명동에 가요.
　　③ 여자는 금요일에 친구를 만나요.　④ 남자는 내일 친구하고 공원에 가요.

읽기 Reading

[1~3] ( )에 들어갈 가장 알맞은 것을 고르세요.

1. 이 책이 아주 ( ). 내일도 읽을 거예요.

   ① 없어요 ② 맛없어요 ③ 친절해요 ④ 재미있어요

2. 저는 비빔밥을 좋아해요. 그리고 ( ) 좋아해요.

   ① 불고기만 ② 불고기도 ③ 불고기가 ④ 불고기는

3. 이 카페의 커피가 싸요. ( ) 4,000원이에요.

   ① 한 번에 ② 한 개에 ③ 한 잔에 ④ 한 그릇에

[4~5] 다음을 읽고 맞지 않는 것을 고르세요.

4.
갈비탕	1	11,000원
냉면	1	8,000원
김치찌개	1	7,000원
콜라	3	6,000원
		32,000원

① 김치찌개는 칠천 원이에요.
② 콜라는 하나에 이천 원이에요.
③ 냉면은 한 그릇에 팔천 원이에요.
④ 갈비탕은 한 그릇에 만 이천 원이에요.

5.
월	화	수	목	금	토	일
한국어 공부	오늘	쇼핑	명동 구경	한국어 공부	아르바이트	

① 오늘은 화요일이에요.
② 토요일에는 일을 안 할 거예요.
③ 목요일에 명동에서 구경할 거예요.
④ 월요일하고 금요일에 한국어를 공부해요.

[6~7] 다음을 읽고 순서가 알맞은 것을 고르세요.

6.
> (가) 이 딸기는 한 박스에 얼마예요?
> (나) 여기 있어요. 모두 15,000원이에요.
> (다) 12,000원이에요. 딸기가 아주 맛있어요.
> (라) 그럼 그거 한 박스 주세요. 그리고 사과도 세 개 주세요.

① (가) - (다) - (라) - (나) ② (가) - (라) - (나) - (다)
③ (나) - (다) - (라) - (가) ④ (나) - (라) - (가) - (다)

7.
> (가) 그리고 빨래도 할 거예요.
> (나) 그래서 아침에 집을 청소할 거예요.
> (다) 내일 저녁에 친구가 우리 집에 올 거예요.
> (라) 점심에는 시장에서 한국 음식을 살 거예요.

① (다) - (라) - (나) - (가) ② (다) - (나) - (가) - (라)
③ (라) - (다) - (가) - (나) ④ (라) - (가) - (나) - (다)

[8~10] 다음 내용과 같은 것을 고르세요.

8.
> 저는 '나라식당'에 자주 가요. 그 식당은 우리 집 옆에 있어요. 저하고 제 친구는 이 식당에서 비빔밥하고 냉면을 먹어요. 비빔밥 한 그릇에 8,000원이에요. 냉면 한 그릇에 7,000원이에요. 음식이 싸요. 그리고 맛있어요.

① 냉면은 팔천 원이에요. ② 저는 나라식당에 안 가요.
③ 나라식당은 비빔밥만 싸요. ④ 우리 집은 나라식당 옆에 있어요.

9.

저는 서울대학교에서 한국어를 배워요. 우리 반에는 여러 나라 친구들이 있어요. 저만 베트남 사람이에요. 우리는 자주 같이 밥을 먹어요. 이번 주 일요일에도 만날 거예요. 우리는 이태원 식당에 갈 거예요. 같이 점심을 먹을 거예요. 저는 우리 반 친구들을 아주 좋아해요.

① 저는 고향 친구를 자주 만나요.
② 저는 주말에도 한국어를 배워요.
③ 저는 주말에 고향 친구를 만날 거예요.
④ 저는 주말에 이태원에서 밥을 먹을 거예요.

10.

오늘은 금요일이에요. 오늘은 학교에서 한국어를 공부해요. 그리고 집에서 숙제를 해요. 오늘 숙제가 아주 많아요.
내일은 토요일이에요. 그래서 내일은 학교에 안 가요. 닛쿤 씨하고 같이 공원에 갈 거예요. 그리고 거기에서 산책할 거예요.

① 오늘은 숙제가 없어요.
② 내일 저는 학교에 갈 거예요.
③ 저는 내일 공원에서 산책할 거예요.
④ 저는 오늘 닛쿤 씨하고 숙제를 해요.

[11] 다음을 읽고 중심 생각을 고르세요.

11.

저는 회사원이에요. 한국에서 일해요. 주말에는 집 옆에서 태권도를 배워요. 태권도 수업에는 한국 사람이 많아요. 저만 외국 사람이에요. 태권도가 아주 재미있어요. 저는 태권도가 좋아요.

① 저는 태권도를 좋아해요.
② 저는 한국 회사에서 일해요.
③ 태권도 수업에 사람이 많아요.
④ 저는 토요일에 태권도를 배워요.

[12~13] 다음을 잘 읽고 알맞은 것을 고르세요.

> 안나 씨,
> 이번 주 금요일에 다니엘 씨하고 학교 앞 식당에서 밥을 먹을 거예요.
> (   ) 노래방에도 갈 거예요.
> 안나 씨, 금요일에 시간이 있어요? 금요일 점심에 학교 앞에서 만나요.
>
> 닛쿤

12. (   )에 들어갈 알맞은 말을 고르세요.

    ① 그럼   ② 그런데   ③ 그리고   ④ 그래서

13. 이 글의 내용과 같은 것을 고르세요.

    ① 노래방은 식당 옆에 있어요.
    ② 안나는 금요일에 학교에 안 갈 거예요.
    ③ 다니엘은 식당에서 음식을 먹을 거예요.
    ④ 닛쿤은 식당 앞에서 친구를 만날 거예요.

[14~15] 다음을 잘 읽고 알맞은 것을 고르세요.

> 이번 주 토요일은 제 생일이에요. 저는 친구하고 같이 홍대에 갈 거예요. 홍대 앞에는 가게가 많아요. 저는 ㉠거기에서 모자하고 가방을 살 거예요. 사진도 많이 찍을 거예요. 그리고 한국 식당에 갈 거예요. 저는 한국 음식을 정말 좋아해요. 식당에서 보통 불고기를 먹어요. 하지만 토요일은 제 생일이에요. 그래서 미역국을 먹을 거예요. 한국 사람들은 생일에 미역국을 먹어요. 미역국이 아주 맛있어요.

14. ㉠**거기**는 어디입니까?

    ① 홍대 앞   ② 식당 앞   ③ 백화점   ④ 친구 집

15. 이 글의 내용과 같은 것을 고르세요.

    ① 저는 한국 사람이에요.
    ② 한국 음식 사진을 찍을 거예요.
    ③ 한국 사람들은 미역국을 좋아해요.
    ④ 토요일에 불고기를 안 먹을 거예요.

쓰기 Writing

✏️ **질문을 잘 읽고 200~300자로 글을 쓰세요.**

> 이번 주 주말에 어디에 갈 거예요? 거기에서 뭘 할 거예요?
> 어디에서 밥을 먹을 거예요? 무슨 음식을 먹을 거예요?

> 💡 글을 다 썼어요?
> 다시 한번 읽어 보세요.

말하기 Speaking

1. 문법을 사용해서 친구와 이야기해 보세요.

명 이/가 형-아요/어요
1) 뭐가 맛있어요?
2) 한국어 공부가 재미있어요?

안 동형
3) 한국에서 일해요?
4) 쇼핑을 좋아해요?

명 개/병/잔/그릇
5) 가게에서 뭘 사요?
6) 커피를 보통 몇 잔 마셔요?

가격
7) 물 한 병에 얼마예요?
8) 한국어 책이 얼마예요?

명 에
9) 무슨 요일에 시간이 있어요?
10) 언제 친구를 만날 거예요?

명 도
11) 내일도 학교에 가요?
12) 집에서도 운동해요?

동-(으)ㄹ 거예요
13) 오늘 저녁에 뭐 할 거예요?
14) 이번 주 주말에 뭐 할 거예요?

명 만
15) 교실에 한국 사람이 많아요?
16) 주말에도 한국어를 배워요?

2. 그림을 보고 이야기를 만들어 보세요.

- ☐ 명이/가 형-아요/어요
- ☐ 명 개/병/잔/그릇
- ☐ 동-(으)ㄹ 거예요
- ☐ 안 동/형
- ☐ 명에
- ☐ 명만
- ☐ 가격
- ☐ 명도

발음 Pronunciation

5단원

받침 'ㅎ, ㄶ, ㅀ'은 뒤에 모음이 오면 [ㅎ]이 발음되지 않습니다.

사람이 **많아요**.
　　[마나요]

이 책이 **좋아요**.
　　　[조아요]

🎧 잘 듣고 따라 해 보세요.

❶ 오늘 숙제가 **많아요**.

❷ 무슨 음식을 **좋아해요**?

6단원

받침 'ㄱ' 뒤에 오는 'ㄱ, ㄷ, ㅂ, ㅅ, ㅈ'은 [ㄲ, ㄸ, ㅃ, ㅆ, ㅉ]으로 발음합니다.

학교에 가요.
[학꾜]

식당에서 **약속**이 있어요.
[식땅]　　[약쏙]

🎧 잘 듣고 따라 해 보세요.

❶ **약국**에 갈 거예요.

❷ 딸기도 먹고 **수박도** 먹어요.

🎧 잘 듣고 따라 해 보세요.

❶ 가: 숙제 공책이 어디에 있어요?
　 나: 책상 위에 있어요.

❷ 가: 식당에 사람이 많아요?
　 나: 네. 많아요.

7

시간 Time

7-1 보통 몇 시에 일어나요?

7-2 어제 한강공원에 갔어요

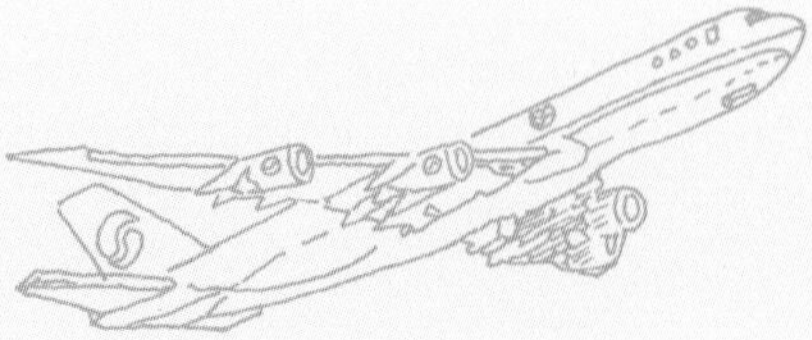

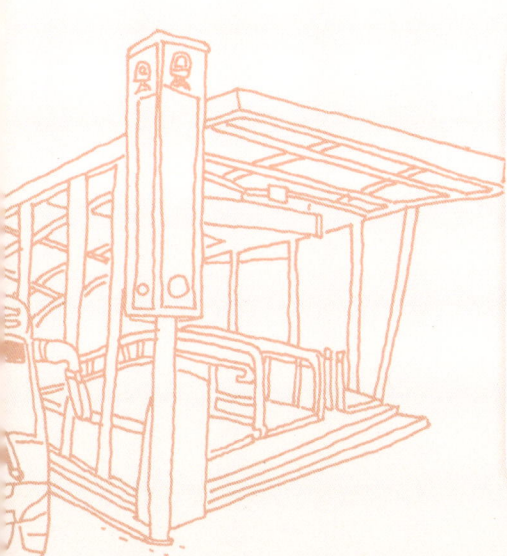

7-1	어휘	동사 ③, 부사 ①
	문법과 표현	시간
		명부터 명까지
7-2	어휘	일상생활
	문법과 표현	동-고
		동형-았어요/었어요

어휘 Vocabulary

1. 다음은 회사원 지연 씨의 하루입니다. 그림을 보고 써 보세요.
This is the day in the life of Jiyeon who's an office worker. Look at the picture and write a sentence.

1) 일어나요 .
2) _____ .
3) _____ .
4) _____ .

5) _____ .
6) _____ .
7) 회사에 가요 .
8) _____ .

2. 알맞은 것을 고르세요.
Circle the word that best fits the sentence.

1) 도서관에 사람이 (천천히 / (조금)) 있어요.

2) 저는 밤에 드라마를 봐요. 그래서 매일 (일찍 / 늦게) 자요.

3) (빨리 / 천천히) 오세요. 아직 시간이 있어요.

4) 제 동생은 냉면을 좋아해요. 한 번에 두 그릇 먹어요. (조금 / 많이) 먹어요.

밤 night   아직 not yet   번 time(s)

3. 오늘은 토요일이에요. 친구들은 지금 뭐 해요?
   Today is Saturday. What are our classmates doing?

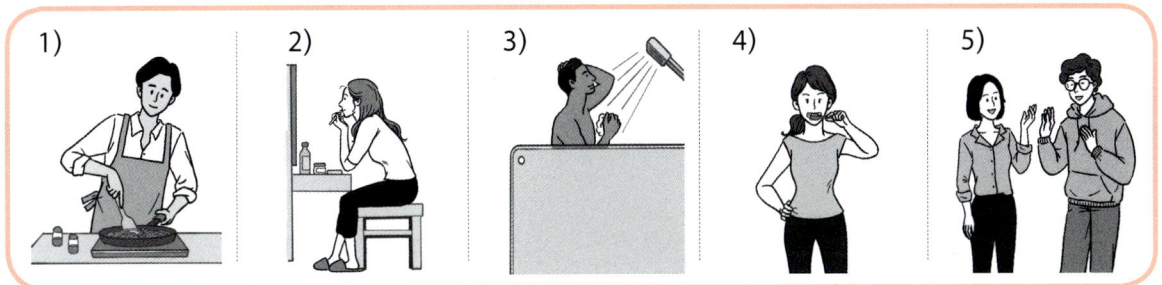

1) 하이 씨는 요리해요   .

2) 제니 씨는 _____.

3) 에릭 씨는 _____.

4) 나나 씨는 _____.

5) 다니엘 씨는 _____.

4. 친구와 이야기해 보세요.
   Talk with your partner.

   1) 가: 보통 일찍 일어나요?
      나: _____.

   2) 가: 밥을 천천히 먹어요?
      나: _____.

   3) 가: 운동을 많이 해요?
      나: _____.

보통 usually   밥 rice

문법과 표현 1 시간
Grammar & Expression

1. 지금 몇 시예요? 그림을 보고 읽어 보세요.
What time is it now? Look at the picture and read the time.

1)
한 시 이십오 분이에요.

2)

3)

4)

5)

6)

7)

8)

2. 다음에서 시간을 골라 쓰고 친구와 빙고 게임을 해 보세요.
Select the times in the following box and write them on the 3×3 grid to play bingo with your partner.

1:30	2:15	3:20	4:08	5:12	6:45
1:05	2:40	3:30	4:18	5:55	6:05
7:40	8:10	9:18	10:29	11:55	12:15
7:25	8:25	9:28	10:49	11:25	12:30

3. 그림을 보고 대화를 만들어 보세요.
Look at the picture and create a dialogue.

1)

　　가: 몇 시에 일어나요?
　　나: 일곱 시에 일어나요   .

2)

　　가: 몇 시에 아침을 먹어요?
　　나: _____.

3)

　　가: 몇 시에 수업이 있어요?
　　나: _____.

4)

　　가: 몇 시에 자요?
　　나: _____.

4. 친구와 이야기해 보세요.
Talk with your classmates.

	친구 이름:	친구 이름:
1) 보통 몇 시쯤에 일어나요?		
2) 보통 몇 시에 자요?		
3) 고향은 지금 몇 시예요?		

쯤 about

문법과 표현 2   명부터 명까지

1. 그림을 보고 문장을 완성해 보세요.
Look at the picture and complete the sentence.

1)  열한 시 오십 분부터 열두 시까지 쉬어요.

2) 오늘 _____ 한국어 수업이 있어요.

3)  엥흐 씨는 _____ 영화를 봐요.

4)  안나 씨는 _____ 아르바이트를 해요.

5)  크리스 씨는 _____ 운동해요.

6) 아야나 씨는 _____ 제주도에 갈 거예요.

7)  _____ 방학이에요.

2. 그림을 보고 대화를 만들어 보세요.
Look at the picture and create a dialogue.

1) 가: 회의가 몇 시부터예요?
   나: 열한 시부터 열두 시까지예요.

2) 가: 몇 시까지 시험이에요?
   나: _____.

3) 가: 언제부터 세일이에요?
   나: _____.

4) 가: 오늘 숙제가 몇 쪽이에요?
   나: _____.

3. 그림을 보고 대화를 만들어 보세요.
Look at the picture and create a dialogue.

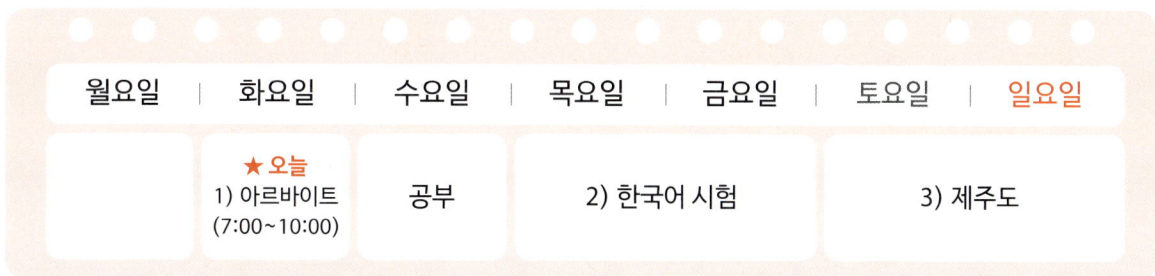

월요일	화요일	수요일	목요일	금요일	토요일	일요일
	★ 오늘 1) 아르바이트 (7:00~10:00)	공부	2) 한국어 시험			3) 제주도

가: 제니 씨, 오늘 시간이 있어요?

나: 미안해요. 시간이 없어요. 오늘은 1) 일곱 시부터 열 시까지 아르바이트를 해요.

가: 수요일은 괜찮아요?

나: 미안해요. 수요일에는 공부할 거예요. 2) _____.

가: 그래요? 주말에는 시간이 있어요?

나: 아니요. 시간이 없어요. 3) _____.

가: 그럼, 다음 주에 만나요.

 회의 meeting   세일 sale   쪽 page   그럼 then

어휘 Vocabulary

1. 그림을 보고 알맞은 단어를 쓰고 연결해 보세요.
Match the picture to the appropriate word ending.

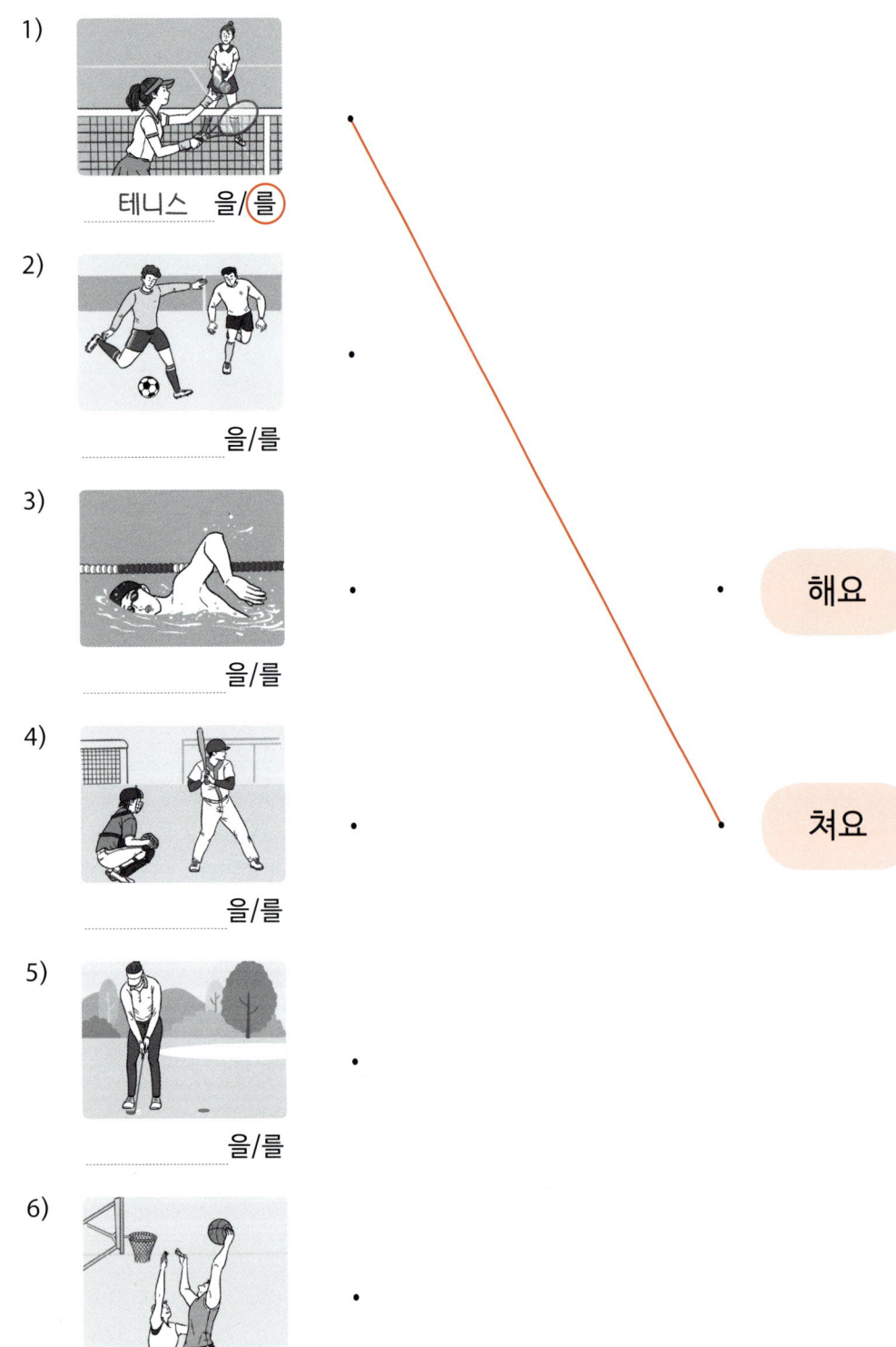

1) 테니스 을/를
2) _____ 을/를
3) _____ 을/를
4) _____ 을/를
5) _____ 을/를
6) _____ 을/를

• 해요
• 쳐요

2. 그림을 보고 알맞은 것을 골라 문장을 완성해 보세요.
Look at the picture and select from below and change it accordingly to complete the sentence.

| 시험이 끝나다 | 수업이 끝나다 | (아르바이트를 하다) | 여행하다 | 캠핑을 하다 |

1) 화요일하고 목요일 오후에 __아르바이트를 해요__ .

2) 7월 3일에 _____ .

3) 다음 주 주말에 부산에서 _____ .

4) 내일 친구하고 같이 캠핑장에서 _____ .

3. 친구와 이야기해 보세요.
Talk with your partner.

1) 가: 방학에 어디에서 여행할 거예요?
   나: _____ .

2) 가: 몇 시에 수업이 끝나요?
   나: _____ .

3) 가: 주말에 보통 뭘 자주 해요?
   나: _____ .

부산 Busan　　캠핑장 campsite　　자주 often

문법과 표현 ③ 동-고

1. 빈칸에 알맞게 쓰세요.
Fill in the blanks.

	-고		-고
보다	보고	먹다	
치다		읽다	
마시다		청소하다	
끝나다		샤워하다	
배우다		운동하다	

2. 그림을 보고 문장을 만들어 보세요.
Look at the picture and create a sentence.

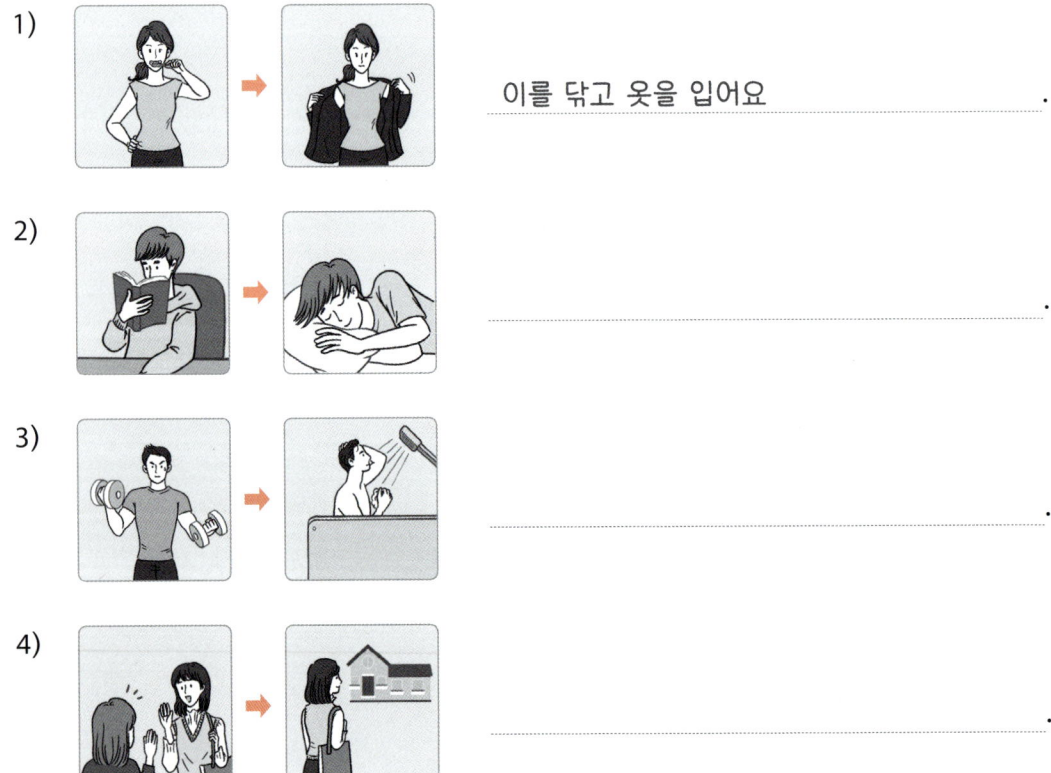

1) 이를 닦고 옷을 입어요.

2) _____.

3) _____.

4) _____.

3. 대화를 완성해 보세요.
Use the following expression to complete the dialogue.

1) 가: 그 식당 음식이 맛있어요?
   나: 네. __싸고 맛있어요_____.
   (싸다 + 맛있다)

2) 가: 에릭 씨는 _____.
   (친절하다 + 정말 재미있다)
   나: 맞아요. 그래서 친구들이 에릭 씨를 좋아해요.

3) 가: 방학에 뭐 할 거예요?
   나: _____.
   (부산 여행도 하다 + 아르바이트도 하다)

4) 가: 친구들은 뭐 해요?
   나: _____.
   (나나 씨는 노래하다 + 제니 씨는 사진을 찍다)

4. 친구와 이야기해 보세요.
Talk with your partner.

1) 가: 수업이 끝나고 뭐 할 거예요?
   나: 먼저 _____-고 _____.

2) 가: 보통 밥을 먹고 뭐 해요?
   나: _____-고 _____.

3) 가: 시험이 끝나고 어디에 가요?
   나: _____-고 _____.

정말 really   맞다 to be right   그래서 so   들 plural particle   먼저 first

문법과 표현 4 동형 -았어요/었어요

1. 빈칸에 알맞게 쓰세요.
Fill in the blanks.

동	-았어요/었어요	형	-았어요/었어요
가다	갔어요	싸다	
사다		비싸다	
오다		좋다	
만나다		싫다	
읽다		많다	
입다		적다	
먹다		재미있다	
쉬다		재미없다	
치다		맛있다	
마시다		맛없다	
말하다		똑똑하다	
공부하다		깨끗하다	
좋아하다		피곤하다	

명	였어요/이었어요	명	였어요/이었어요
가수	가수였어요	회사원	
배우		도서관	
학교		일요일	

  말하다 to speak   싫다 to not like   적다 to be few/little   똑똑하다 to be smart   피곤하다 to be tired

2. 그림을 보고 대화를 만들어 보세요.
Look at the picture and create a dialogue.

1)

가: 어제 뭐 했어요?
나: 테니스장에서 친구하고 테니스를 쳤어요.

2)

가: 주말에 경복궁에서 뭐 했어요?
나: _____.

3)

가: 에릭 씨, 생일 축하해요!
나: 제 생일은 _____. 오늘이 아니에요.

4)

가: 일요일에 뭐 했어요?
나: _____.

3. 친구와 이야기해 보세요.
Talk with your classmates.

	친구 이름:	친구 이름:
1) 언제 한국에 왔어요?		
2) 어제 수업이 끝나고 뭐 했어요?		
3) 금요일 저녁에 뭐 했어요?		

테니스장 tennis court   경복궁 Gyeongbokgung Palace   축하하다 to congratulate

8 날씨 Weather

8-1 오늘 날씨가 어때요?

8-2 토요일에는 비가 오고 조금 추워요

8-1	어휘	날씨와 계절
	문법과 표현	(같이) 동-아요/어요
		동-(으)ㄹ까요?
8-2	어휘	형용사 ②
	문법과 표현	'ㅂ' 불규칙
		못 동

어휘 Vocabulary

1. 그림을 보고 알맞은 것을 연결해 보세요.
Match the picture to the appropriate sentence.

1)
2)
3)
4)
5)

눈이 와요.   가을이에요.   날씨가 흐려요.   여름이에요.   날씨가 맑아요.

2. 그림을 보고 대화를 만들어 보세요.
Look at the picture and create a dialogue.

1)
가: 오늘 날씨가 어때요?
나: 맑아요   .

2)
가: 지금 _____. 우산이 있어요?
나: 네. 있어요.

3)
가: 이 코트가 따뜻해요?
나: 네. _____.

4)
가: 방이 _____.
나: 아까 에어컨을 켰어요.

어때요 How is it   아까 a minute/moment ago   켜다 to turn on

3. 그림을 보고 대화를 만들어 보세요.
Look at the picture and create a dialogue.

1)
   가: 어제 날씨가 어땠어요?
   나: 좀 흐렸어요   .

2)
   가: 금요일에 날씨가 어땠어요?
   나: .

3)
   가: 지난주에 날씨가 어땠어요?
   나: .

4)
   가: 주말에 날씨가 어땠어요?
   나: .

4. 친구와 이야기해 보세요.
Talk with your partner.

1) 가: 무슨 계절을 좋아해요?
   나: .

2) 가: 요즘 고향 날씨는 어때요?
   나: .

3) 가: 한국의 겨울은 날씨가 어때요?
   나: .

어땠어요 How was it   요즘 these days

문법과 표현 1 (같이) 동-아요/어요

1. 그림을 보고 대화를 만들어 보세요.
Look at the picture and create a dialogue.

1)
가: 우리 같이 노래방에 가요   .
나: 네. 좋아요.

2)
가: 수업이 끝나고 _____ .
나: 네. 좋아요.

3)
가: 주말에 _____ .
나: 네. 좋아요.

4)
가: 오늘 _____ .
나: 미안해요. 오늘은 시간이 없어요.

5)
가: 내일 시험이 끝나고 _____ .
나: 미안해요. 약속이 있어요.

2. 그림을 보고 대화를 만들어 보세요.
Look at the picture and create a dialogue.

1) 
엥흐: 너무 심심해요. 
제니: 친구들하고 같이 영화를 볼 거예요. 엥흐 씨도 같이 영화를 봐요.

2) 
자밀라: 토요일에 요리를 배울 거예요. 
하이: 그래요? 저도 요리를 좋아해요. _____.

3) 
엥흐: 숙제가 너무 많아요. 
제니: 저도 아직 안 했어요. _____.

4) 
자밀라: 주말에 어디에 갈 거예요? 
하이: 인사동에 갈 거예요. 자밀라 씨도 시간이 있어요? _____.

너무 very 심심하다 to be bored 인사동 Insa-dong

문법과 표현 2 동-(으)ㄹ까요?

1. 빈칸에 알맞게 쓰세요.
Fill in the blanks.

	-(으)ㄹ까요?		-(으)ㄹ까요?
가다	갈까요?	먹다	먹을까요?
쉬다		읽다	
치다		앉다	
마시다		노래하다	
만나다		청소하다	
배우다		운동하다	

2. 그림을 보고 대화를 만들어 보세요.
Look at the picture and create a dialogue.

1)
가: 우리 여기에서 좀 쉴까요?
나: 네. 좋아요.

2)
가: _____?
나: 네. 좋아요. 같이 마셔요.

3)
가: 심심해요. _____?
나: 네. 좋아요. 같이 봐요.

4)
가: _____?
나: 미안해요. 시험이 있어요. 그래서 학교에 가요.

앉다 to sit

3. 그림을 보고 대화를 만들어 보세요.
Look at the picture and create a dialogue.

1) 가: 언제 골프를 칠까요 ?
   나: 일요일 아침에 쳐요.

2) 가: 어디에서 _____ ?
   나: 학교 앞에서 만나요.

3) 가: 뭘 _____ ?
   나: 피자를 먹어요.

4) 가: 어디에 _____ ?
   나: 노래방에 가요.

4. 친구와 이야기해 보세요.
Talk with your partner.

1) 가: 수업이 끝나고 도서관에서 공부할까요?
   나: _____.

2) 가: 주말에 뭐 할까요?
   나: _____.

3) 가: _____?
   나: 네. 좋아요.

어휘 Vocabulary

1. 그림을 보고 알맞은 말을 연결하세요.
Match the picture to the appropriate word.

1)  · · ① 귀엽다

2)  · · ② 무섭다

3)  · · ③ 맵다

2. 그림을 보고 빈칸에 알맞은 단어를 쓰세요.
Look at the picture and fill in the boxes.

1)  ⇔ 2)

3)  ⇔ 4)

5)  ⇔ 6)

3. **다음을 보고 어울리지 않는 말을 고르세요.**
   Choose the word that does **not** match the picture.

   1) 　　☐ 어렵다　　☐ 쉽다　　☑ 맵다

   2) 　　☐ 맵다　　☐ 귀엽다　　☐ 맛있다

   3) 　　☐ 춥다　　☐ 무겁다　　☐ 비싸다

   4) 　　☐ 무섭다　　☐ 맛없다　　☐ 재미없다

4. **그림을 보고 문장을 완성해 보세요.**
   Look at the picture and complete the sentence.

   1) 　　이 책은 ___쉽고___ 재미있어요.
   　　　　　　　　　　　　　(쉽다)

   2) 　　이 가방은 _____ 싸요.
   　　　　　　　　　　　　　(가볍다)

   3) 　　이 음식은 _____ 맛있어요.
   　　　　　　　　　　　　　(안 맵다)

   4) 　　이 영화는 _____ 재미있어요.
   　　　　　　　　　　　　　(안 무섭다)

문법과 표현 3 'ㅂ' 불규칙

1. 빈칸에 알맞게 쓰세요.
Fill in the blanks.

	-아요/어요	-았어요/었어요	-고
덥다	더워요	더웠어요	덥고
춥다			
맵다			
쉽다			
어렵다			
무겁다			
가볍다			
무섭다			
귀엽다			

2. 단어를 골라 문장을 완성해 보세요.
Use the following words to complete the sentences.

> 맵다   춥다   가볍다   어렵다   무섭다

1) 이 라면이 <u>매워요</u>   .

2) 그 영화가   .

3) 제 가방이   .

4) 이 문제가   .

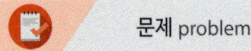
문제 problem

3. 그림을 보고 대화를 만들어 보세요.
Look at the picture and create a dialogue.

1) 가: 오늘 날씨가 어때요?
   나: 정말 <u>더워요</u>.

2) 가: 가방이 _____?
   나: 네. 책이 많아요.

3) 가: 제니 씨 강아지예요? 정말 _____.
   나: 네. 제 강아지예요.

4) 가: 영화가 재미있었어요?
   나: 네. 그런데 조금 _____.

5) 가: 떡볶이가 _____?
   나: 네. 정말 _____.

4. 친구와 이야기해 보세요.
Talk with your partner.

1) 가: 한국의 여름은 날씨가 어때요?
   나: _____.

2) 가: 한국어 공부가 어때요?
   나: _____.

강아지 puppy   그런데 but

문법과 표현 4 못 동

1. 그림을 보고 대화를 만들어 보세요.
Look at the picture and create a dialogue.

1)
가: 김치를 먹어요?
나: 아니요. 못 먹어요   .

2)
가: 오늘 파티에 가요?
나: 아니요.   .

3)
가: 골프를 쳐요?
나: 아니요.   .

4)
가: 한국어로 전화해요?
나: 아니요.   .

5)
가: 오늘 등산해요?
나: 아니요.   .

2. 다음을 보고 맞는 것을 고르세요.
Circle the correct word to complete the sentence.

1) 테니스를 안 배웠어요. 그래서 테니스를 (안 /(못)) 쳐요.

2) 오늘은 수업이 없어요. 그래서 학교에 (안 / 못) 가요.

3) 숙제가 너무 어려워요. 그래서 숙제를 (안 / 못) 했어요.

4) 집에 사과가 많아요. 그래서 사과를 (안 / 못) 살 거예요.

3. 그림을 보고 대화를 만들어 보세요.
Look at the picture and create a dialogue.

1) 가: 가방을 샀어요?
   나: 아니요. <u>못 샀어요</u>. 너무 비쌌어요.

2) 가: 친구를 만났어요?
   나: 아니요. _____. 숙제가 많았어요.

3) 가: 주말에 잘 쉬었어요?
   나: 아니요. _____. 아르바이트를 했어요.

4) 가: 어제 산책했어요?
   나: 아니요. _____. 시간이 없었어요.

5) 가: 이 책 읽었어요?
   나: 아니요. _____. 너무 어려워요.

4. 친구와 이야기해 보세요.
Talk with your partner.

1) 가: 테니스를 쳐요?
   나: _____.

2) 가: 무슨 음식을 못 먹어요?
   나: _____.

3) 가: 어제 잘 쉬었어요?
   나: _____.

 잘 well

복습 4

어휘 Vocabulary

✏️ 아는 단어에 ✔ 하세요.

7단원

세수하다 ☐	샤워하다 ☐	조금 ☐
일어나다 ☐	요리하다 ☐	많이 ☐
이를 닦다 ☐	이야기하다 ☐	늦게 ☐
화장하다 ☐	빨리 ☐	일찍 ☐
옷을 입다 ☐	천천히 ☐	

수업이 끝나다 ☐	축구하다 ☐	테니스 치다 ☐
시험이 끝나다 ☐	농구하다 ☐	수영하다 ☐
여행하다 ☐	야구하다 ☐	
캠핑을 하다 ☐	골프 치다 ☐	

8단원

날씨 ☐	시원하다 ☐	계절 ☐
맑다 ☐	눈이 오다 ☐	봄 ☐
흐리다 ☐	바람이 불다 ☐	여름 ☐
따뜻하다 ☐		가을 ☐
비가 오다 ☐		겨울 ☐

춥다 ☐	쉽다 ☐	맵다 ☐
덥다 ☐	무겁다 ☐	무섭다 ☐
어렵다 ☐	가볍다 ☐	귀엽다 ☐

[1~3] 그림을 보고 알맞은 단어를 고르세요.

1.

   가: 지금 뭐 해요?
   나: (   ).

   ① 세수해요　　② 요리해요　　③ 따뜻해요　　④ 화장해요

2.

   가: 주말에 뭐 했어요?
   나: 친구하고 같이 (   ).

   ① 농구했어요　　② 야구했어요　　③ 축구했어요　　④ 골프를 쳤어요

3.

   가: 오늘도 비가 와요?
   나: 아니요. 오늘은 (   ).

   ① 맑아요　　② 눈이 와요　　③ 바람만 불어요　　④ 흐리고 추워요

[4~5] 밑줄 친 부분과 반대되는 뜻을 가진 것을 고르세요.

4.
   가: 아침에 <u>일찍</u> 일어났어요?
   나: 아니요. (   ) 일어났어요.

   ① 조금　　② 많이　　③ 모두　　④ 늦게

5.
   가: 가방이 <u>가벼워요</u>?
   나: 아니요. (   ).

   ① 추워요　　② 쉬워요　　③ 무거워요　　④ 무서워요

문법과 표현
Grammar & Expression

7단원

시간	열한 시에 일어났어요.
명부터 명까지	아홉 시부터 한 시까지 한국어를 배워요.
동-고	수업이 끝나고 공원에 갈 거예요.
동형-았어요/었어요	어제 약국에서 약을 샀어요.

8단원

(같이) 동-아요/어요	같이 농구해요.
동-(으)ㄹ까요?	같이 테니스를 칠까요?
'ㅂ' 불규칙	떡볶이가 매워요.
못 동	어제 친구하고 이야기를 못 했어요.

[1~5] 밑줄 친 부분을 고쳐서 쓰세요.

1. 내일 <u>십 시</u>에 만나요. ➡ _____

2. 어제 <u>운동했고</u> 샤워했어요. ➡ _____

3. <u>주말에</u> 집에서 숙제했어요. ➡ _____

4. 같이 커피를 <u>마설까요</u>? ➡ _____

5. 지금 <u>못 전화해요</u>. ➡ _____

[6~8] 순서에 맞게 문장을 만드세요.

6. 주말 | 테니스 | 에 | 칠 | 를 | 거예요

   ➡ _____ .

7. 내일 | 두 시 | 학교 앞 | 에 | 만날까요 | 에서

   ➡ _____ ?

8. 수업 | 친구 | 이 | 테니스 | 하고 | 를 | 쳤어요 | 끝나고

   ➡ _____ .

[9~10] 그림을 보고 대화를 완성하세요.

9. 가: 이 영화가 재미있었어요?

   나: 네. 그런데 조금 _____ .

10. 가: 시험이 끝나고 뭐 했어요?

    나: _____ .

[11~12] 대화를 완성하세요.

11. 가: _____ ?

    나: 시험은 6월 6일부터 7일까지예요.

12. 가: _____ ?

    나: 우리 고향은 요즘 날씨가 따뜻해요.

듣기 Listening

[1~3] 다음을 듣고 물음에 맞는 대답을 고르세요.

1. ① 네. 할 거예요. ② 아니요. 안 했어요.
   ③ 아니요. 어제 했어요. ④ 네. 친구하고 운동해요.

2. ① 2시쯤 어때요? ② 극장에 갈 거예요.
   ③ 학교 옆에 있어요. ④ 백화점 앞에서 만나요.

3. ① 네. 좋아해요. ② 여름을 좋아해요.
   ③ 아니요. 봄을 좋아해요. ④ 겨울에 춥고 눈도 많이 와요.

[4~5] 다음을 듣고 이어지는 말을 고르세요.

4. ① 겨울에도 더워요. ② 지금 여름이에요.
   ③ 아니요. 안 더워요. ④ 네. 겨울에는 시원해요.

5. ① 네. 점심 먹고 테니스를 쳐요. ② 미안해요. 수업이 안 끝났어요.
   ③ 미안해요. 저녁에 테니스를 쳐요. ④ 네. 좋아요. 기숙사 앞에서 만나요.

[6~7] 여기는 어디입니까? 알맞은 것을 고르세요.

6. ① 학교　　② 수영장　　③ 커피숍　　④ 스키장

7. ① 집　　② 식당　　③ 영화관　　④ 도서관

[8~9] 다음은 무엇에 대해 말하고 있습니까? 알맞은 것을 고르세요.

8. ① 바다　　② 시험　　③ 쇼핑　　④ 여행

9. ① 시간　　② 등산　　③ 음식　　④ 날씨

[10~11] 다음 대화를 듣고 알맞은 그림을 고르세요.

10. ①  ②  ③  ④

11. ①  ②  ③  ④

[12~13] 다음을 듣고 들은 내용과 같은 것을 고르세요.

12. ① 여기는 도서관이에요. ② 한국어 시험이 어려웠어요.
    ③ 오후에 한국어 시험이 있어요. ④ 남자하고 여자는 같이 공부할 거예요.

13. ① 여자는 지금 고향에 있어요. ② 여자의 고향은 날씨가 더워요.
    ③ 여자의 고향에는 눈이 안 와요. ④ 여자의 고향은 지금 겨울이에요.

[14~15] 다음을 듣고 물음에 답하세요.

14. 여자는 무슨 운동을 좋아해요?
    ① 축구   ② 수영   ③ 농구   ④ 테니스

15. 남자는 이번 주 토요일에 뭐 할 거예요?
    ① 남자는 여자를 만날 거예요. ② 남자는 축구하고 집에서 쉴 거예요.
    ③ 남자는 요리하고 농구를 할 거예요. ④ 남자는 여자하고 같이 수영을 할 거예요.

읽기 Reading

[1~3] ( )에 들어갈 가장 알맞은 것을 고르세요.

1. 어제 눈이 많이 오고 추웠어요. 그래서 테니스를 ( ).

   ① 칠까요   ② 못 쳤어요   ③ 같이 쳐요   ④ 칠 거예요

2. 제 필통은 ( ).

   ① 춥고 좋아요   ② 어렵고 무서워요   ③ 작고 가벼워요   ④ 쉽고 재미있어요

3. 어제 ( ) 잤어요. 그리고 아침 7시쯤 일어났어요.

   ① 10시에도   ② 10시에만   ③ 10시부터   ④ 10시까지

[4~5] 다음을 읽고 맞지 않는 것을 고르세요.

4.

월요일	화요일	수요일	목요일	금요일
☀	☀	🌨	🌬	🌧
7°C	3°C	-4°C	-2°C	-5°C

① 월요일에는 날씨가 맑아요.
② 수요일에는 눈이 많이 와요.
③ 목요일에는 바람이 불고 추워요.
④ 금요일에는 비가 오고 따뜻해요.

5.

한국 요리 교실
한국 요리가 어려워요?
여기에서 요리를 배우고 같이 먹어요.
- 날짜 6월 10일 금요일 오전 10:00~12:00
- 장소 백화점 9층 요리 교실

① 학교에서 같이 밥을 먹어요.
② 열 시부터 요리 수업을 해요.
③ 열두 시까지 요리 수업이 있어요.
④ 백화점 요리 교실에서 요리를 배워요.

[6~7] 다음을 읽고 순서가 알맞은 것을 고르세요.

6.

(가) 이번 주 주말에 뭐 할 거예요?
(나) 10시부터 12시까지 공부할 거예요.
(다) 몇 시부터 몇 시까지 공부할 거예요?
(라) 한국 친구하고 같이 한국어를 공부할 거예요.

① (가) - (라) - (나) - (다)
② (가) - (라) - (다) - (나)
③ (다) - (라) - (나) - (가)
④ (다) - (라) - (가) - (나)

7.

(가) 안나 씨는 수영을 잘해요?
(나) 네. 저는 수영을 정말 좋아해요.
(다) 안나 씨, 이번 여름 방학에 뭐 했어요?
(라) 저는 친구하고 같이 수영장에 갔어요. 정말 재미있었어요.

① (가) - (나) - (다) - (라)
② (가) - (라) - (다) - (나)
③ (다) - (라) - (가) - (나)
④ (다) - (라) - (나) - (가)

[8~10] 다음 내용과 같은 것을 고르세요.

8.

저는 5월 3일부터 5일까지 친구하고 같이 강원도에 여행 갔어요. 거기에서 등산을 하고 산 위에서 김밥을 먹었어요. 날씨도 좋고 정말 재미있었어요.
지금까지는 여행을 자주 안 했어요. 하지만 이번 여행이 정말 좋았어요. 그래서 여행을 자주 할 거예요.

① 저는 김밥을 못 먹어요.
② 저는 여행을 자주 했어요.
③ 저는 5월에 등산을 안 갔어요.
④ 저는 5월 4일에 강원도에 있었어요.

9.
> 오늘은 토요일이에요. 그래서 늦게 일어났어요. 세수하고 열한 시쯤 밥을 먹었어요. 두 시쯤에 청소하고 빨래했어요. 그리고 시험공부를 했어요. 내일은 일찍 일어날 거예요. 그리고 시험공부를 할 거예요.

① 저는 10시에 세수했어요.
② 오늘 시험이 아주 어려웠어요.
③ 저는 밥을 먹고 집을 청소했어요.
④ 저는 내일 저녁에 빨래할 거예요.

10.
> 어제는 날씨가 맑고 따뜻했어요. 저는 명동에서 아야나 씨를 만났어요. 우리는 백화점에 갔어요. 거기에서 저는 모자를 사고 아야나 씨는 가방을 샀어요. 그리고 떡볶이를 먹었어요. 떡볶이가 조금 매웠어요. 하지만 정말 맛있었어요.

① 떡볶이는 싸고 맛있었어요.
② 저는 떡볶이를 안 좋아해요.
③ 저는 어제 명동에 못 갔어요.
④ 저는 어제 친구하고 쇼핑했어요.

[11] 다음을 읽고 중심 생각을 고르세요.

11.
> 저는 닛쿤이에요. 태국에서 왔어요. 태국은 지금 여름이에요. 날씨가 정말 덥고 비가 많이 와요. 한국은 지금 겨울이에요. 어제부터 눈이 많이 왔어요. 저는 공원에서 산책을 하고 사진을 아주 많이 찍었어요. 내일은 산에 갈 거예요. 한국의 겨울이 정말 예쁘고 좋아요.

① 저는 사진을 자주 찍어요.
② 제 고향의 날씨가 더워요.
③ 저는 한국 사람이 아니에요.
④ 저는 한국의 겨울을 좋아해요.

[12~13] 다음을 잘 읽고 알맞은 것을 고르세요.

> 오늘은 일요일이에요. 그래서 학교에 안 가요. 친구하고 저는 코엑스몰에서 한국 영화를 봤어요. 한국어가 조금 어려웠어요. (   ) 재미있었어요. 영화를 보고 한강공원에 갔어요. 날씨가 아주 시원했어요. 친구하고 저는 산책하고 이야기를 많이 했어요. 거기에서 우리는 커피도 마셨어요. 그리고 집에 왔어요.

12. (   )에 알맞은 말을 고르세요.

　① 그럼　　　② 하지만　　　③ 그리고　　　④ 그래서

13. 이 글의 내용과 같은 것을 고르세요.

　① 오늘 학교에 안 갔어요.　　② 영화가 쉽고 재미있었어요.
　③ 코엑스몰에서 커피를 마셨어요.　　④ 코엑스몰에서 이야기를 많이 했어요.

[14~15] 다음을 잘 읽고 알맞은 것을 고르세요.

> 지난주 금요일에 방학을 했어요. 그래서 저는 반 친구들하고 부산 여행을 했어요. 바다가 정말 좋았어요. 하지만 날씨가 흐리고 조금 추웠어요. 그래서 산책을 못 했어요. 점심에는 시장에서 회를 먹었어요. 회가 아주 싸고 맛있었어요. ㉠**거기**에 사람들이 아주 많았어요. 우리는 시장 구경도 하고 사진도 많이 찍었어요. 부산 여행이 아주 좋았어요.

14. ㉠**거기**는 어디입니까?

　① 바다　　　② 시장　　　③ 식당　　　④ 공원

15. 이 글의 내용과 같은 것을 고르세요.

　① 회가 맛있고 쌌어요.　　② 부산 바다에서 산책했어요.
　③ 지난주 금요일에 학교에 갔어요.　　④ 부산은 날씨가 따뜻하고 맑았어요.

쓰기 Writing

✏️ **질문을 잘 읽고 200~300자로 글을 쓰세요.**

> 한국에서 어디에 갔어요? 언제 갔어요?
> 날씨가 어땠어요? 거기에서 뭘 했어요?

💡 글을 다 썼어요?
다시 한번 읽어 보세요.

말하기 Speaking

복습 ④

1. 문법을 사용해서 친구와 이야기해 보세요.

시간

1) 지금 몇 시예요?
2) 어제 몇 시에 잤어요?

명 부터 명 까지

3) 몇 시부터 숙제를 해요?
4) 언제부터 방학이에요?

동 -고

5) 시험이 끝나고 뭐 할 거예요?
6) 주말에 보통 뭐 해요?

동 형 -았어요/었어요

7) 어제 뭐 했어요?
8) 지난주 금요일에 뭐 했어요?

(같이) 동 -아요/어요

9) 언제 캠핑을 할까요?
10) 어디에서 산책할까요?

동 -(으)ㄹ까요?

11) 같이 테니스 칠까요?
12) 내일 수업이 끝나고 만날까요?

'ㅂ' 불규칙

13) 가방이 무거워요?
14) 김치찌개가 어때요?

못 동

15) 오늘 산에 가요?
16) 한국에서 운전해요?

2. 그림을 보고 이야기를 만들어 보세요.

- ☐ 시간
- ☐ 동형-았어요/었어요
- ☐ 'ㅂ' 불규칙
- ☐ 명부터 명까지
- ☐ (같이) 동-아요/어요
- ☐ 못 동
- ☐ 동-고
- ☐ 동-(으)ㄹ까요?

발음 Pronunciation

7단원

받침 [ㄷ] 뒤에 오는 'ㄱ, ㄷ, ㅂ, ㅅ, ㅈ'은 [ㄲ, ㄸ, ㅃ, ㅆ, ㅉ]으로 발음합니다.

지금 **몇 시**예요?
　　　[멷씨예요]

다섯 시에 운동해요.
[다섣씨에]

🎧 잘 듣고 따라 해 보세요.

❶ **몇 시에** 만날까요?

❷ **여섯 시에** 식당에 가요.

8단원

겹받침 'ㄺ'은 자음 'ㄱ' 앞에서는 [ㄹ]로 발음합니다. 단, '맑다[막따]', '읽다[익따]'와 같이 다른 자음 앞에서는 [ㄱ]으로 발음합니다.

날씨가 **맑고** 따뜻해요.
　　　[말꼬]

책을 **읽고** 집에서 쉬었어요.
　　[일꼬]

🎧 잘 듣고 따라 해 보세요.

❶ 요즘 날씨가 **맑고** 시원해요.

❷ 내일 신문을 **읽고** 학교에 갈 거예요.

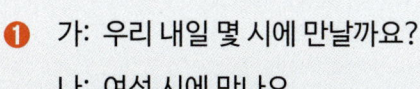 잘 듣고 따라 해 보세요.

❶ 가: 우리 내일 몇 시에 만날까요?
　 나: 여섯 시에 만나요.

❷ 가: 오늘 날씨가 어때요?
　 나: 맑고 따뜻해요.

복습 1

[1~2] 다음을 듣고 알맞은 것을 고르세요.

① 남: 저는 기자예요.
② 남: 이거는 의자예요.

[3~6] 다음을 듣고 물음에 맞는 대답을 고르세요.

③ 남: 안녕하세요?
④ 여: 만나서 반가워요.
⑤ 여: 직업이 뭐예요?
⑥ 남: 이거는 누구의 공책이에요?

[7~9] 다음을 듣고 이어지는 말을 고르세요.

⑦ 남: 나나 씨는 한국 친구가 있어요?
   여: 네, 있어요. 에릭 씨는 한국 친구가 있어요?

⑧ 여: 이거는 뭐예요?
   남: 공책이에요.
   여: 닛쿤 씨의 공책이에요?

⑨ 여: 다니엘 씨, 저 사람은 누구예요?
   남: 저 사람은 제 친구 테오 씨예요.
   여: 테오 씨는 어느 나라 사람이에요?

[10~11] 다음 대화를 듣고 알맞은 그림을 고르세요.

⑩ 남: 저거는 제니 씨의 필통이에요?
   여: 아니요. 제 필통이 아니에요. 엥흐 씨의 필통이에요.

⑪ 여: 이 방은 제 방이에요. 침대가 있어요. 노트북이 있어요. 텔레비전은 없어요.

[12~15] 다음을 듣고 들은 내용과 같은 것을 고르세요.

⑫ 여: 안녕하세요? 저는 소날이에요. 만나서 반가워요.
   남: 반가워요. 저는 크리스예요. 호주 사람이에요.
   여: 아, 저는 인도에서 왔어요. 크리스 씨는 직업이 뭐예요?
   남: 저는 요리사예요.

⑬ 남: 저는 하이예요. 베트남에서 왔어요. 저는 회사원이에요. 저는 룸메이트가 있어요. 제 룸메이트는 베트남 사람이 아니에요. 태국 사람이에요.

⑭ 남: 여기는 우리 교실이에요. 책상, 의자, 컴퓨터, 시계가 있어요. 이 사람은 우리 반 친구 나나 씨예요. 나나 씨는 중국어 선생님이에요.

⑮ 여: 저는 한국 친구가 있어요. 그 친구의 이름은 김민우예요. 민우 씨는 대학생이에요. 민우 씨는 우리 반 친구 에릭 씨의 룸메이트예요.

복습 2

[1~2] 다음을 듣고 알맞은 것을 고르세요.

① 남: 공원에 가요.
② 남: 빵집은 문구점 앞에 있어요.

[3~5] 다음을 듣고 물음에 맞는 대답을 고르세요.

③ 남: 이 빵 하나 주세요.
④ 여: 볼펜 있어요?
⑤ 남: 지금 뭐 해요?

[6~7] 다음을 듣고 이어지는 말을 고르세요.

⑥ 남: 이거는 한국어로 뭐예요?
   여: 휴지예요.
   남: 이거는 한국어로 안경이에요?

⑦ 여: 엥흐 씨, 지금 뭐 해요?
   남: 백화점에 있어요.
   여: 뭐 사요?

[8~9] 여기는 어디입니까? 알맞은 것을 고르세요.

⑧ 여: 어서 오세요.
   남: 커피하고 샌드위치 주세요.

⑨ 남: 어서 오세요.
   여: 한국어 책 있어요?
   남: 네, 있어요. 저기 요리책 옆에 있어요.

[10~11] 다음 대화를 듣고 알맞은 그림을 고르세요.

⑩ 남: 나나 씨, 어디에 가요?
   여: 은행에 가요.
   남: 은행이 어디에 있어요?
   여: 백화점 옆에 있어요.

⑪ 남: 어서 오세요.
   여: 딸기주스가 있어요?
   남: 네, 있어요.
   여: 딸기주스하고 샌드위치 하나 주세요.

[12~15] 다음을 듣고 들은 내용과 같은 것을 고르세요.

⑫ 남: 오늘 뭐 해요?
여: 영화관에 가요. 영화관에서 영화를 봐요.
남: 한국 영화를 봐요?
여: 네. 한국 영화를 봐요.

⑬ 여: 우산이 있어요?
남: 네. 있어요.
여: 어디에 있어요?
남: 책상 옆에 있어요.
여: 어? 책상 옆에 없어요.
남: 그래요? 아! 의자 밑에 있어요.

⑭ 남: 저는 크리스예요. 호주 사람이에요.
저는 요리사예요. 한국에서 한국 요리를 배워요.
그리고 한국 식당에서 아르바이트해요. 저는 요리를 좋아해요.

⑮ 여: 저는 제니예요. 저는 미국에서 왔어요.
저는 한국 가수를 좋아해요. 그래서 한국어를 공부해요.
지금 서울대학교에서 한국어를 배워요.
오늘 저는 친구하고 같이 서점에 가요.
서점에서 한국어 책을 사요.

복습 3

[1~3] 다음을 듣고 물음에 맞는 대답을 고르세요.

① 남: 금요일에 시간이 있어요?
② 여: 무슨 음식을 좋아해요?
③ 남: 제니 씨도 카페에 가요?

[4~5] 다음을 듣고 이어지는 말을 고르세요.

④ 여: 화요일에 일해요?
남: 아니요. 안 해요.
여: 그럼 화요일에는 뭐 해요?

⑤ 여: 이번 주 주말에 뭐 할 거예요?
남: 한강공원에 갈 거예요.
여: 한강공원에서 뭐 할 거예요?

[6~7] 여기는 어디입니까? 알맞은 것을 고르세요.

⑥ 여: 어서 오세요.
남: 여기는 뭐가 맛있어요?
여: 비빔밥하고 불고기가 맛있어요.
남: 비빔밥 하나 주세요.

⑦ 여: 이 모자 얼마예요?
남: 삼만 오천 원이에요.
여: 저 모자는 얼마예요?
남: 저 모자도 삼만 오천 원이에요.

[8~9] 다음은 무엇에 대해 말하고 있습니까? 알맞은 것을 고르세요.

⑧ 남: 이번 주 토요일에 뭐 할 거예요?
여: 친구하고 같이 태권도를 배울 거예요. 에릭 씨는 뭐 할 거예요?
남: 토요일에는 집에서 쉴 거예요. 그리고 일요일에는 등산할 거예요.

⑨ 여: 내일 뭐 할 거예요?
남: 백화점에서 옷을 살 거예요.
여: 그래요? 어느 백화점에 갈 거예요?
남: 서울백화점에 갈 거예요. 거기 옷이 싸요.

[10~11] 다음 대화를 듣고 알맞은 그림을 고르세요.

⑩ 남: 사과 있어요?
여: 네. 있어요.
남: 얼마예요?
여: 다섯 개에 만 원이에요.
남: 그럼 사과 다섯 개만 주세요.

⑪ 남: 여기요. 피자 한 판, 스파게티 하나하고 콜라 두 병 주세요.
여: 손님, 죄송합니다. 오늘 콜라가 없어요.
남: 그래요? 그럼 물 주세요.

[12~13] 다음을 듣고 들은 내용과 같은 것을 고르세요.

⑫ 남: 그 김치찌개 맛있어요?
여: 네. 맛있어요. 엥흐 씨는 이 식당에 자주 와요?
남: 네. 저는 한국 음식을 좋아해요. 그래서 자주 와요.

⑬ 남: 나나 씨, 요즘도 아르바이트해요?
여: 네. 그런데 매일 안 해요. 화요일하고 목요일에만 해요.
남: 그래요? 그럼 이번 주 금요일에 시간이 있어요?
여: 아, 이번 주 금요일에는 약속이 있어요.

[14~15] 다음을 듣고 물음에 답하세요.

남: 와, 오늘은 금요일이에요. 저는 금요일을 정말 좋아해요.
여: 저도 금요일을 좋아해요. 저는 오늘 친구를 만나요.
남: 그래요? 친구하고 같이 뭐 해요?
여: 저는 명동에 가요. 명동에서 쇼핑해요. 테오 씨는 오늘 뭐 해요?
남: 저도 오늘 친구를 만나요. 친구하고 같이 공원에서 산책할 거예요.

복습 4

[1~3] 다음을 듣고 물음에 맞는 대답을 고르세요.

① 남: 어제 운동했어요?
② 남: 어디에서 만날까요?
③ 여: 무슨 계절을 좋아해요?

[4~5] 다음을 듣고 이어지는 말을 고르세요.

④ 여: 하이 씨 고향은 날씨가 어때요?
　 남: 더워요. 여름에는 비도 많이 와요.
　 여: 겨울은 어때요?

⑤ 남: 아야나 씨, 오늘 수업 끝나고 뭐 해요?
　 여: 점심 먹고 집에 갈 거예요. 오늘은 약속이 없어요.
　 남: 그럼 저녁에 같이 테니스 칠까요?

[6~7] 여기는 어디입니까? 알맞은 것을 고르세요.

⑥ 남: 여러분, 오늘 수업은 여기까지예요.
　 여: 선생님, 오늘 숙제가 있어요?
　 남: 네. 오늘 숙제는 50페이지부터 51페이지까지예요.

⑦ 남: 우리 무슨 영화를 볼까요?
　 여: 저 영화 어때요? 저는 저 배우를 정말 좋아해요.
　 남: 네. 저 영화 봐요.

[8~9] 다음은 무엇에 대해 말하고 있습니까? 알맞은 것을 고르세요.

⑧ 여: 시험 끝나고 뭐 할 거예요?
　 남: 부산에서 여행할 거예요.
　 여: 거기에서 뭐 할 거예요?
　 남: 바다 구경도 하고 쇼핑도 할 거예요.

⑨ 여: 어제 뭐 했어요?
　 남: 친구하고 같이 산에 갔어요.
　 여: 재미있었어요?
　 남: 네. 산 위에서 이야기도 하고 사진도 많이 찍었어요.

[10~11] 다음 대화를 듣고 알맞은 그림을 고르세요.

⑩ 여: 여기는 지금 비가 많이 와요. 서울에도 비가 와요?
　 남: 아니요. 지금 눈이 와요.
　 여: 그래요? 눈이 많이 와요?
　 남: 네. 어제부터 눈이 많이 오고 추워요.

⑪ 남: 지난주 주말에 뭐 했어요?
　 여: 아르바이트가 끝나고 캠핑 갔어요. 캠핑장에서 삼겹살을 먹고 야구도 했어요. 아주 재미있었어요.
　 　 에릭 씨는 뭐 했어요?
　 남: 테오 씨하고 같이 수영하고 집에서 쉬었어요.

[12~13] 다음을 듣고 들은 내용과 같은 것을 고르세요.

⑫ 남: 한국어 시험이 며칠이에요?
　 여: 7월 2일하고 3일이에요.
　 남: 시험공부 많이 했어요?
　 여: 아니요. 우리 오후에 같이 공부할까요? 한국어 공부가 어려워요.
　 남: 좋아요. 도서관에서 같이 공부해요.

⑬ 남: 오늘 날씨가 정말 더워요. 안나 씨 고향은 요즘 날씨가 어때요?
　 여: 지금 우리 고향은 겨울이에요. 그래서 아주 추워요.
　 남: 눈도 많이 와요?
　 여: 네. 겨울에는 눈도 많이 오고 바람도 많이 불어요.

[14~15] 다음을 듣고 물음에 답하세요.

여: 무슨 운동을 좋아해요?
남: 축구도 좋아하고 수영도 좋아해요.
여: 저도 수영을 좋아해요. 그럼 우리 토요일에 친구하고 같이 수영장에 갈까요?
남: 이번 주 토요일에는 못 가요. 크리스 씨하고 같이 요리하고 농구를 할 거예요. 다음 주 토요일은 어때요?
여: 좋아요. 다음 주에 만나요.

모범 답안 | Answer Key

| 부록 Appendix |

1. 인사

1-1. 저는 이유진이에요

어휘   p. 14

1. 2) 프랑스   3) 중국   4) 베트남
   5) 미국   6) 브라질

2. 2) 프랑스   3) 말레이시아   4) 러시아

3. 2) 중국   3) 베트남   4) 일본
   5) 몽골   6) 한국

4. 예
   1) 저는 브라질 사람이에요
   2) 친구는 몽골 사람이에요

문법과 표현 ❶   명 은/는   p. 16

1.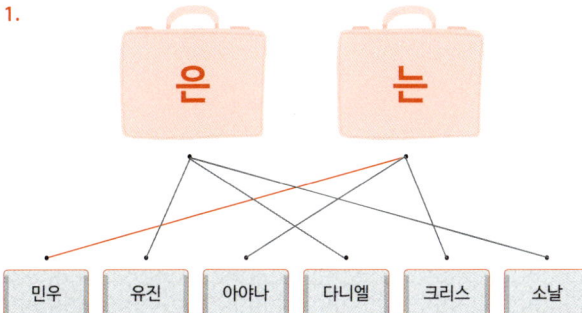

2.
	은		는
에릭	에릭은	저	저는
몽골	몽골은	친구	친구는
한국	한국은	인도	인도는
미국	미국은	프랑스	프랑스는
일본 사람	일본 사람은	말레이시아	말레이시아는

3. 2) 는   3) 은   4) 은
   5) 는   6) 는

문법과 표현 ❷   명 이에요/예요   p. 18

1. 1) 민우
   2) 유진
   3) 아야나   이에요
   4) 다니엘
   5) 크리스   예요
   6) 소날

2.
	이에요		예요
에릭	에릭이에요	저	저예요
몽골	몽골이에요	친구	친구예요
한국	한국이에요	인도	인도예요
미국	미국이에요	프랑스	프랑스예요
일본 사람	일본 사람이에요	말레이시아	말레이시아예요

3. 2) 호주 사람이에요
   3) 태국 사람이에요
   4) 말레이시아 사람이에요

4. 예

> 안녕하세요? 저는 에릭이에요.
>
> 안녕하세요? 저는 안나예요.
>
> 만나서 반가워요, 안나 씨.
>
> 반가워요. 에릭 씨는 어느 나라 사람이에요?
>
> 저는 프랑스 사람이에요.

1-2. 유진 씨는 학생이에요?

어휘   p. 20

1.
1)  학생
2)  기자
3)  선생님

이에요   예요

4) 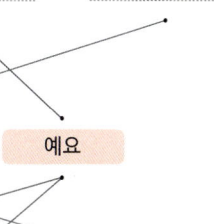 요리사
5)  배우
6) 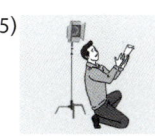 회사원

모범 답안 **183**

2. 2) 의사예요
   3) 운동선수예요
   4) 기자예요
   5) 요리사예요
   6) 학생이에요

3. 예
   1) 저는 아야나예요
   2) 저는 학생이에요

문법과 표현 ❸ 몡 이에요/예요? p. 22

1. 2) 가수예요?
   3) 회사원이에요?
   4) 친구예요?
   5) 배우예요?
   6) 선생님이에요?
   7) 기자예요?
   8) 대학원생이에요?
   9) 요리사예요?
   10) 화가예요?
   11) 의사예요?
   12) 한국 사람이에요?
   13) 축구 선수예요?
   14) 독일 사람이에요?
   15) 프로그래머예요?

2. 2) 선생님이에요, 선생님이에요
   3) 요리사예요, 요리사예요
   4) 회사원이에요, 회사원이에요

3. 1) 안나예요
   2) 화가예요
   3) 러시아 사람이에요

문법과 표현 ❹ 몡 이/가 아니에요 p. 24

1. 2) 저는 배우(이 / **가**) 아니에요.
   3) 마리 씨는 가수(이 / **가**) 아니에요.
   4) 닛쿤 씨는 호주 사람(**이** / 가) 아니에요.

2. 2) 기자가 아니에요
   3) 회사원이 아니에요
   4) 가수가 아니에요
   5) 학생이 아니에요
   6) 영국 사람이 아니에요

3.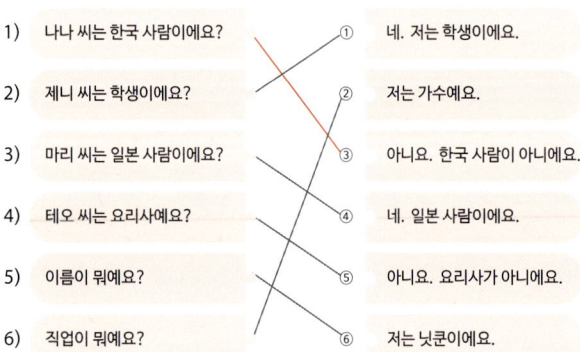

2. 교실과 방

2-1. 이거는 시계예요

어휘 p. 28

1.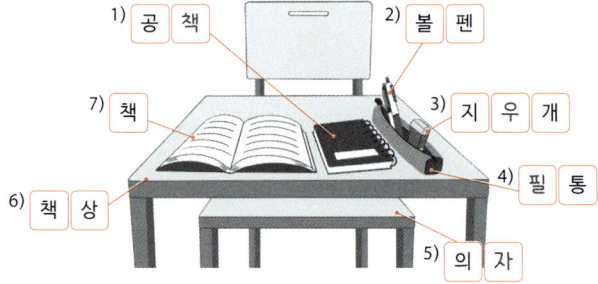

2.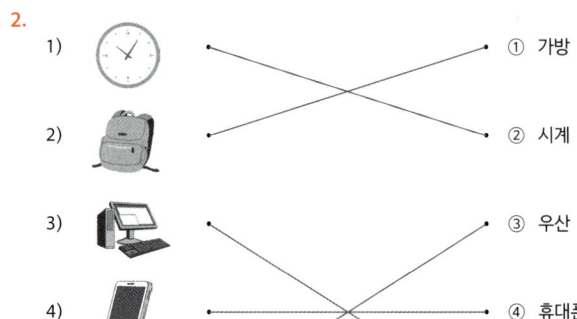

3. 2) 책이에요
   3) 필통이에요
   4) 시계예요
   5) 책상이에요
   6) 볼펜이에요, 볼펜이에요

문법과 표현 ❶ 이거는/그거는/저거는 몡 이에요/예요 p. 30

1. 2) 그거는 뭐예요
   3) 저거는 뭐예요
   4) 이거는 뭐예요
   5) 그거는 뭐예요
   6) 저거는 뭐예요

2. 2) 이거는, 한국어 책이에요
   3) 저거는, 필통이, 가방이에요
   4) 저거는, 의자가, 책상이에요

문법과 표현 ❷ 몡 (의) 몡 p. 32

1. 2) 나나의 휴대폰
   3) 엥흐의 시계
   4) 친구의 필통
   5) 선생님의 한국어 책
   6) 제 친구

| 부록 Appendix

2. 2) 제   3) 엥흐 씨의
   4) 선생님은

3. 2) 제니의 공책이에요
   3) 닛쿤의 가방이, 소날의 가방이에요
   4) 마리의 볼펜이 아니에요, 에릭의 볼펜이에요

2-2. 이 가방은 나나 씨 가방이에요

어휘 p. 34

1.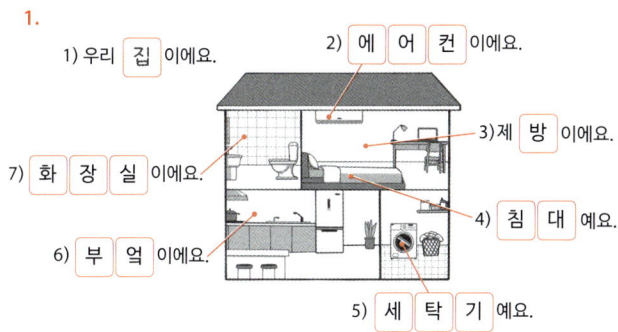
   1) 우리 집 이에요.
   2) 에 어 컨 이에요.
   3) 제 방 이에요.
   4) 침 대 예요.
   5) 세 탁 기 예요.
   6) 부 엌 이에요.
   7) 화 장 실 이에요.

2. 1) — ② 텔레비전
   2) — ④ 냉장고
   3) — ③ 세탁기
   4) — ① 노트북

3. 2) 남자 화장실이에요
   3) 에어컨이에요
   4) 침대예요
   5) 냉장고예요
   6) 노트북이에요

문법과 표현 ❸ 이/그/저 명 p. 36

1. 2) 저 사람은 한국 사람이에요
   3) 이 가방은 다니엘 씨의 가방이에요
   4) 이 공책은 제니 씨의 공책이에요
   5) 저 사람은 선생님이에요

2. 2) 저 가방은 선생님의 가방이에요
   3) 그 공책은 엥흐 씨의 공책이에요
   4) 이 지우개는 제 지우개가 아니에요
   5) 저 음식은 한국어로 비빔밥이에요

문법과 표현 ❹ 명 이/가 있어요/없어요 p. 38

1. 2) 한국 친구(이 / 가) 있어요.
   3) 미국 학생(이 / 가) 없어요.
   4) 시계(이 / 가) 없어요.
   5) 노트북(이 / 가) 있어요.
   6) 숙제(이 / 가) 있어요.

2. 2) 가, 있어요   3) 가, 없어요   4) 이, 없어요

3. 2) 시계가 있어요, 없어요
   3) 침대가 있어요, 없어요
   4) 냉장고가 있어요, 있어요

복습 1

어휘 p. 41

1. ④   2. ③   3. ②
4. ①   5. ②

문법과 표현 p. 42

2. 는   3. 의   4. 이
5. 가
7. 안나 씨는 노트북이 있어요
8. 그거는 누구의 가방이에요
9. 필통이에요
10. 지우개가 아니에요
11. 어느 나라 사람이에요
12. 이거는 누구의 책이에요

듣기 p. 44

1. ①   2. ④   3. ②   4. ①
5. ③   6. ①   7. ④   8. ②
9. ②   10. ③   11. ①   12. ③
13. ①   14. ①   15. ④

읽기 p. 46

1. ③   2. ②   3. ①   4. ③
5. ④   6. ④   7. ③   8. ②
9. ②   10. ④   11. ①   12. ②
13. ①, ③   14. ②   15. ①

말하기 p. 51

1. 예
    1) 저는 이유진이에요.
    2) 저는 학생이에요.
    3) 저는 프랑스 사람이에요.
    4) 네. 학생이에요.
    5) 아니요. 일본 사람이에요.
    6) 네. 가수예요.
    7) 아니요. 요리사가 아니에요. 선생님이에요.
    8) 아니요. 러시아 사람이 아니에요. 중국 사람이에요.
    9) 이거는 한국어로 지우개예요.
    10) 네. 필통이에요.
    11) 이거는 제 지우개예요.
    12) 아니요. 나나 씨의 가방이 아니에요. 안나 씨의 가방이에요.
    13) 아니요. 이 책은 한국어 책이에요.
    14) 저 사람은 제 친구예요.
    15) 네. 있어요.
    16) 책상하고 의자하고 침대가 있어요.

3. 가게

3-1. 이 빵 하나 주세요

어휘 p. 56

1. 1) 빵   2) 커피
   3) 우유   4) 샌드위치

2. 2) 수박이   3) 딸기예요
   4) 사과가

3.

하나	둘	셋	넷	다섯
여섯	일곱	여덟	아홉	열

4. 2) 커피가 있어요
   3) 물이에요, 물이에요
   4) 샌드위치예요, 샌드위치가 아니에요

문법과 표현 ① 명 하고 명 p. 58

1. 2) 볼펜하고 필통 / 필통하고 볼펜
   3) 텔레비전하고 세탁기 / 세탁기하고 텔레비전
   4) 빵하고 우유 / 우유하고 빵
   5) 샌드위치하고 커피 / 커피하고 샌드위치
   6) 딸기하고 사과 / 사과하고 딸기

2. 2) 우산하고 시계가 있어요 / 시계하고 우산이 있어요
   3) 연필하고 지우개가 있어요 / 지우개하고 연필이 있어요

3. 2) 커피하고 차가 / 차하고 커피가
   3) 시계하고 컴퓨터가 / 컴퓨터하고 시계가
   4) 책상하고 의자가 / 의자하고 책상이

4. 예
   1) 책하고 필통이 있어요
   2) 침대하고 책상하고 의자가 있어요

문법과 표현 ② 명 주세요 p. 60

1. 2) 공책 주세요   3) 우산 주세요
   4) 샌드위치 주세요   5) 사과 주세요
   6) 케이크 주세요

2. 2) 김치 좀 주세요   3) 휴지 좀 주세요
   4) 물 좀 주세요

3-2. 집 앞에 편의점이 있어요

어휘 p. 62

1. 2) 저기는   3) 여기는
   4) 여기는   5) 저기는 편의점이에요

2.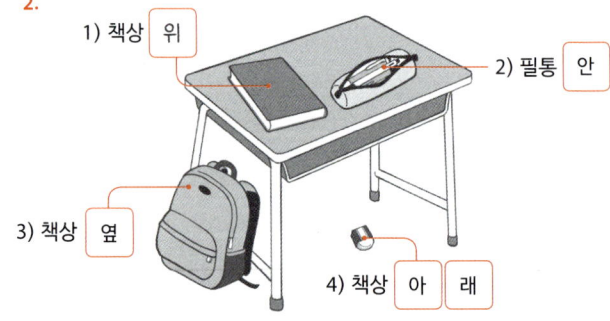
   1) 책상 위
   2) 필통 안
   3) 책상 옆
   4) 책상 아래

3. 2) 위, 책이
   3) 안, 볼펜하고 지우개가
   4) 아래, 가방이

문법과 표현 ❸ 명에 있어요/없어요   p. 64

1. 2) 교실에 없어요
   3) 필통에 있어요
   4) 집에 있어요
   5) 화장실이 어디에 있어요

2. 2) 광화문에는 서점이 있어요
   3) 강남에는 카페가 있어요

3. 예
   1) 책상하고 의자하고 시계가 있어요
   2) 침대하고 에어컨이 있어요

문법과 표현 ❹ 명 앞/뒤/옆/위/아래   p. 66

1. 2)    3)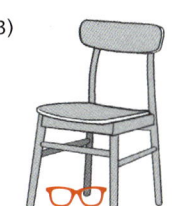

2. 2) 집 앞에 있어요
   3) 편의점 뒤에 있어요
   4) 냉장고 안에 있어요
   5) 사과 뒤에 있어요
   6) 가방 안에 있어요
   7) 안나 씨 뒤에 있어요

3. 예
   1) 가방 안에 있어요.
   2) 집 앞에 편의점이 있어요.
   3) 책상 위에 있어요.

4. 일상생활

4-1. 저는 한국어를 공부해요

어휘   p. 70

1. 1)    ① 사다
   2)    ② 먹다
   3)    ③ 만나다
   4)    ④ 일하다
   5)    ⑤ 운동하다

2.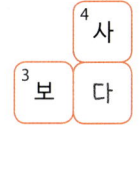

3. 2) 만나다   3) 사다
   4) 보다   5) 전화하다
   6) 읽다   7) 먹다
   8) 마시다   9) 배우다
   10) 좋아하다   11) 운동하다
   12) 아르바이트하다

문법과 표현 ❶ 동-아요/어요   p. 72

1.

	-아요/어요		-아요/어요
자다	자요	배우다	배워요
보다	봐요	마시다	마셔요
만나다	만나요	일하다	일해요
읽다	읽어요	운동하다	운동해요
먹다	먹어요	좋아하다	좋아해요
쉬다	쉬어요	아르바이트하다	아르바이트해요

2.

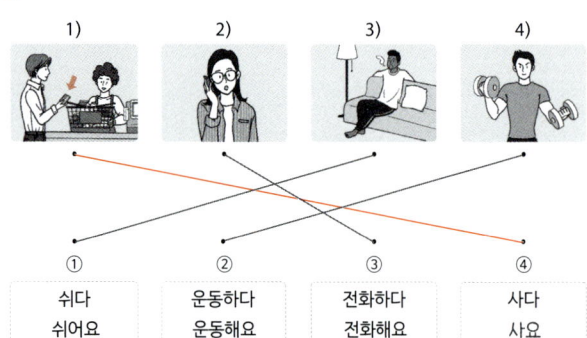

① 쉬다 / 쉬어요
② 운동하다 / 운동해요
③ 전화하다 / 전화해요
④ 사다 / 사요

3. 2) 읽어요 3) 먹어요
   4) 배워요 5) 봐요

문법과 표현 ❷ 명을/를   p. 74

1.

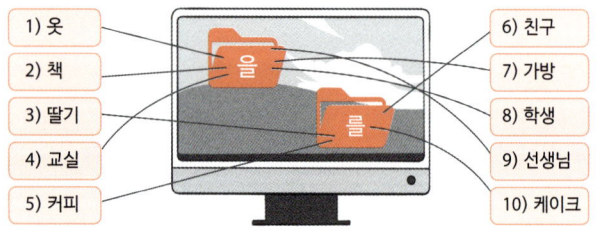

1) 옷 2) 책 3) 딸기 4) 교실 5) 커피
6) 친구 7) 가방 8) 학생 9) 선생님 10) 케이크

2. 2) 빵을   3) 커피를
   4) 휴대폰을 5) 옷을

3. 2) 주스를 마셔요 3) 딸기를 좋아해요
   4) 저는 한국어를 배워요 5) 저는 책을 읽어요
   6) 저는 공책을 사요

4-2. 오늘 회사에 가요

어휘   p. 76

1.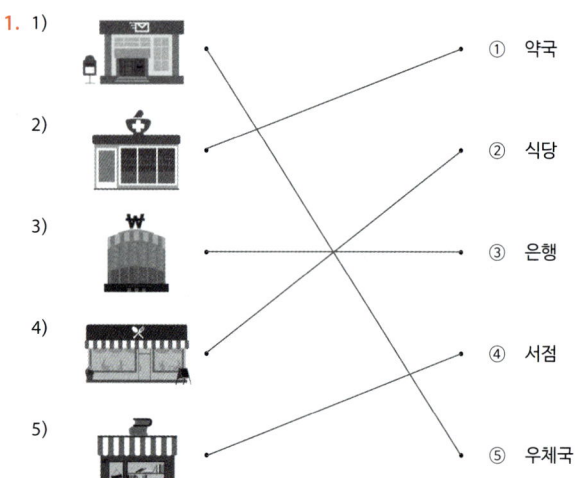
   1) – ⑤ 우체국
   2) – ① 약국
   3) – ③ 은행
   4) – ② 식당
   5) – ④ 서점

2.

3. 2) 도서관이에요
   3) 우체국이, 서울대학교
   4) 스포츠 센터가, 은행
   5) 약국이, 병원

문법과 표현 ❸ 명에 가다/오다   p. 78

1. 1) 가요   2) 와요

2. 2) 백화점에   3) 도서관에
   4) 약국에 가요 5) 영화관에 와요

3. 2) 영화관에 가요 3) 어디에 가요, 병원에 가요
   4) 공원에 와요   5) 도서관에 와요
   6) 학교에 가요

문법과 표현 ❹ 명 에서   p. 80

1. 2) 도서관에서 3) 카페에서
   4) 회사에서 5) 집에서

2. 2) 에 3) 에서
   4) 에 5) 에서

3. 2) 백화점에 가요, 백화점에서 뭐 해요, 옷을 사요
   3) 운동해요, 어디에서 운동해요, 스포츠 센터에서 운동해요
   4) 지금 뭐 해요, 사과를 사요, 어디에서 사과를 사요, 시장에서 사과를 사요

복습 2

어휘   p. 83

1. ② 2. ① 3. ③
4. ④ 5. ③

문법과 표현   p. 84

2. 하고 3. 를 4. 을
5. 에서
7. 크리스는 과일하고 음료수를 사요
8. 가방은 의자 아래에 있어요
9. 영화관에 있어요
10. 책상 위에 있어요
11. 어디에서 커피를 마셔요 / 카페에서 뭐 해요 / 카페에서 뭐를 마셔요
12. 어디에 가요

듣기   p. 86

1. ② 2. ④ 3. ③
4. ③ 5. ② 6. ①
7. ① 8. ④ 9. ③
10. ④ 11. ① 12. ②
13. ④ 14. ② 15. ③

읽기   p. 88

1. ② 2. ③ 3. ④
4. ③ 5. ④ 6. ①
7. ② 8. ① 9. ④
10. ④ 11. ① 12. ③
13. ② 14. ② 15. ③

말하기   p. 93

1. 예
   1) 네. 사과하고 바나나가 있어요.
   2) 방에 책상하고 침대가 있어요.
   3) 커피 한 잔하고 샌드위치 한 개 주세요.
   4) 비빔밥 두 그릇 주세요.
   5) 네. 교실에 있어요.
   6) 가방 안에 있어요.
   7) 냉장고 안에 고기하고 우유가 있어요.
   8) 우리 집 앞에 편의점이 있어요.
   9) 학생 식당에서 밥을 먹어요.
   10) 한국어를 배워요.
   11) 친구를 만나요.
   12) 한국 음식을 좋아해요.
   13) 아니요. 안 가요.
   14) 내일 영화관에 가요.
   15) 집에서 밥을 먹어요.
   16) 이태원에서 친구를 만나요.

5. 식당

5-1. 비빔밥하고 불고기가 맛있어요

어휘   p. 98

1. 3) 책 4) 많다 5) 불고기 6) 맛있다
   7) 시계 8) 비싸다 9) 방 10) 깨끗하다
   11) 가방 12) 좋다

2. 2) 불고기 먹어요
   3) 비빔밥 좋아해요
   4) 삼겹살하고 냉면이 있어요
   5) 떡볶이하고 김밥을 사요
   6) 김치가 있어요

문법과 표현 ❶ 명 이/가 형 -아요/어요   p. 100

1.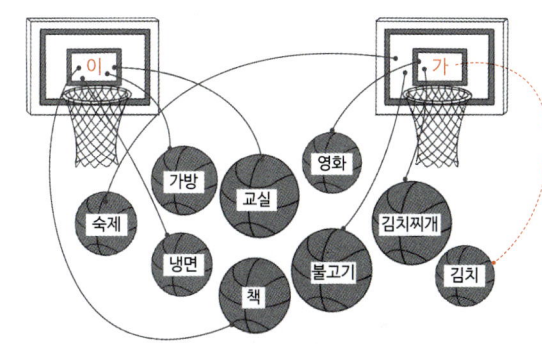

2. 2) 가 깨끗해요 / 좋아요　　3) 가 재미있어요
   4) 가 싸요

3. 2) 좋아요　　　　　　　　3) 재미없어요
   4) 싸요, 비싸요　　　　　　5) 많아요, 많아요

문법과 표현 ②　안 동 형　　　p. 102

1.

	안		안
보다	안 봐요	많다	안 많아요
만나다	안 만나요	좋다	안 좋아요
좋아하다	안 좋아해요	깨끗하다	안 깨끗해요
숙제하다	숙제 안 해요	친절하다	안 친절해요

2. 2) 안 마셔요　　　　　　　3) 안 먹어요
   4) 운동 안 해요　　　　　　5) 안 좋아해요
   6) 안 깨끗해요

3. 2) 커피를 안 마셔요　　　　3) 운동 안 해요
   4) 한국어 책을 안 읽어요

5-2. 주스 세 병에 오천 원이에요

어휘　　　p. 104

1. 2) 햄버거　　　　　　　　 3) 피자가
   4) 스파게티를　　　　　　　5) 콜라, 사이다

2.

문법과 표현 ③　명 개/병/잔/그릇　　　p. 106

1. (그림: 개, 잔, 병, 그릇)

   2) 세 개　　　　3) 한 병　　　　4) 두 개
   5) 한 잔　　　　6) 한 그릇

2. 2) 커피 두 잔, 물 두 병을
   3) 비빔밥 세 그릇, 콜라 한 병이
   4) 볼펜 세 개, 지우개 한 개

3. 2) 어서 오세요.
      샌드위치 두 개 주세요.
      네. 여기 있어요.
      그리고 우유 있어요?
      네. 바나나우유하고 딸기우유가 있어요.
      바나나우유 한 잔 주세요.
      여기 있어요.
      감사합니다.

   3) 어서 오세요.
      콜라 두 병 주세요.
      네. 여기 있어요.
      그리고 아이스크림 있어요?
      네. 초콜릿아이스크림하고 딸기아이스크림이 있어요.
      딸기아이스크림 한 개 주세요.
      여기 있어요.
      감사합니다.

문법과 표현 ④　가격　　　p. 108

1. 2) 가: 커피가 얼마예요?
      나: 천이백 원이에요.
   3) 가: 공책이 얼마예요?
      나: 구백 원이에요.
   4) 가: 김치찌개가 얼마예요?
      나: 칠천 원이에요.
   5) 가: 시계가 얼마예요?
      나: 사만 오천 원이에요.
   6) 가: 김밥이 얼마예요?
      나: 사천오백 원이에요.
   7) 가: 책이 얼마예요?
      나: 만 삼천육백 원이에요.
   8) 가: 피자가 얼마예요?
      나: 이만 사천구백 원이에요.
   9) 가: 휴대폰이 얼마예요?
      나: 팔십만 구천 원이에요.

10) 가: 노트북이 얼마예요?
　　나: 구십칠만 오천사백 원이에요.

6. 날짜와 요일

6-1. 토요일에 친구를 만나요

어휘　　　　　　　　　　　　　　　　　p. 112

1. 1) 평일　　　　　　2) 월요일
   3) 화요일　　　　　4) 일요일
   5) 이번 주　　　　6) 어제
   7) 다음 주　　　　8) 목요일이에요
   9) 주말이에요　　10) 금요일이에요

2. 2) 목요일, 토요일　　3) 토요일, 월요일
   4) 화요일, 목요일　　5) 점심, 저녁

문법과 표현 ❶　명에　　　　　　　　p. 114

1. 2) 화요일에 일본어를 가르쳐요
   3) 일요일에 쇼핑을 해요
   4) 토요일에 시간이 있어요
   5) 목요일에 한국 요리를 배워요
   6) 수요일하고 금요일에 책을 읽어요

2. 2) 금요일에는 친구를 만나요
   3) 토요일 저녁에는 쇼핑해요

3. **예**
   1) 수요일하고 토요일에 운동해요
   2) 친구하고 강남역에 가요
   3) 집에서 숙제를 해요

문법과 표현 ❷　명도　　　　　　　　p. 116

1. 2) 제 친구도 학교에 가요
   3) 안나 씨도 토요일에 약속이 있어요
   4) (나나 씨는) 김치도 먹어요
   5) (저는) 가방도 사요
   6) (크리스 씨는) 콜라도 안 마셔요

2. 2) 화요일에 배워요, 금요일에도 배워요
   3) 토요일에 만나요, 일요일에도 만나요

6-2. 친구들하고 밥을 먹을 거예요

어휘　　　　　　　　　　　　　　　　　p. 118

1. 2) 시월 오 일이에요
   3) 십이월 이십오 일이에요

3. 2) 빨래해요
   3) 공원에서 산책해요
   4) 사진을 찍어요
   5) 쇼핑 안 해요

문법과 표현 ❸　동-(으)ㄹ 거예요　　p. 120

1.

	-(으)ㄹ 거예요		-(으)ㄹ 거예요
가다	갈 거예요	먹다	먹을 거예요
쉬다	쉴 거예요	읽다	읽을 거예요
배우다	배울 거예요	찍다	찍을 거예요
마시다	마실 거예요	운전하다	운전할 거예요
가르치다	가르칠 거예요	청소하다	청소할 거예요

2. 2) 도서관에서 공부할 거예요
   3) 책을 읽을 거예요
   4) 친구를 만날 거예요

3. 2) 친구하고 공원에 갈 거예요, 산책할 거예요

4. **예**
   1) 우리 반 친구를 만날 거예요.
   2) 한국 식당에서 점심을 먹을 거예요.
   3) 친구하고 공원에 갈 거예요.

문법과 표현 ❹　명만　　　　　　　　p. 122

1. 2) 아야나 씨만 교실에 있어요
   3) 에릭 씨만 축구를 좋아해요
   4) 나나 씨만 만나요
   5) 우유만 사요
   6) 일본어만 가르쳐요

2. 2) 금요일에만 청소해요
   3) 집에서만 영화를 봐요
   4) 노래방에서만 노래해요

복습 3

어휘
p. 125
1. ③   2. ④   3. ②
4. ②   5. ④

문법과 표현
p. 126
1. 이   2. 만   3. 가
4. 도   5. 에
6. 무슨 요일에 약속이 있어요
7. 사과는 다섯 개에 얼마예요
8. 다음 주에만 아르바이트를 안 할 거예요
9. 김밥이 맛있어요
10. 금요일에만 시간이 있어요
11. 며칠이에요
12. 오늘이 무슨 요일이에요

듣기
p. 128
1. ③   2. ③   3. ④
4. ③   5. ②   6. ①
7. ②   8. ①   9. ②
10. ④   11. ①   12. ④
13. ②   14. ②   15. ③

읽기
p. 130
1. ④   2. ②   3. ③
4. ④   5. ③   6. ①
7. ②   8. ④   9. ④
10. ③   11. ①   12. ③
13. ③   14. ①   15. ④

말하기
p. 135
1. 예
  1) 떡볶이가 맛있어요.
  2) 네. 아주 재미있어요.
  3) 아니요. 한국에서 일 안 해요.
  4) 네. 쇼핑을 좋아해요.
  5) 사과 세 개하고 주스 두 병을 사요.
  6) 하루에 한 잔 마셔요.
  7) 1,200원이에요.
  8) 16,000원이에요.
  9) 화요일하고 목요일에 시간이 있어요.
  10) 이번 주 주말에 만날 거예요.
  11) 네. 학교에 가요.
  12) 네. 집에서도 운동해요.
  13) 집에서 쉴 거예요.
  14) 등산할 거예요.

  15) 아니요. 한 명만 있어요.
  16) 아니요. 평일에만 한국어를 배워요.

7. 시간

7-1. 보통 몇 시에 일어나요?

어휘
p. 140
1. 2) 이를 닦아요   3) 샤워해요   4) 밥을 먹어요
   5) 옷을 입어요   6) 화장해요   8) 일해요

2. 2) 늦게   3) 천천히   4) 많이

3. 2) 화장해요   3) 샤워해요   4) 이를 닦아요
   5) 친구하고 이야기해요

4. 예
  1) 네. 저는 보통 일찍 일어나요
  2) 아니요. 저는 밥을 빨리 먹어요
  3) 아니요. 저는 운동을 안 해요

문법과 표현 ❶   시간
p. 142
1. 2) 두 시 삼십삼 분이에요
   3) 세 시 십오 분이에요
   4) 네 시 오십 분이에요
   5) 일곱 시 십육 분이에요
   6) 여덟 시 반이에요 / 여덟 시 삼십 분이에요
   7) 열 시 이십 분이에요
   8) 열한 시 사십오 분이에요

3. 2) 여덟 시 십오 분에 아침을 먹어요
   3) 한 시 십 분에 수업이 있어요
   4) 열두 시 반에 자요 / 열두 시 삼십 분에 자요

4. 예
  1) 보통 일곱 시 반쯤에 일어나요
  2) 보통 열 한 시에 자요
  3) 고향은 지금 다섯 시예요

문법과 표현 ❷   명 부터 명 까지
p. 144
1. 2) 아홉 시부터 한 시까지
   3) 세 시부터 다섯 시 이십 분까지
   4) 금요일부터 일요일까지
   5) 월요일부터 목요일까지

6) 6월 3일부터 6월 6일까지
7) 8월 15일부터 8월 31일까지

2. 2) 열 시 사십 분부터 열한 시 삼십 분까지예요
3) 1월 26일부터 2월 1일까지예요
4) 123쪽부터 125쪽까지예요

3. 2) 목요일부터 금요일까지 한국어 시험이 있어요
3) 토요일부터 일요일까지 제주도에 있어요

7-2. 어제 한강공원에 갔어요

어휘   p. 146

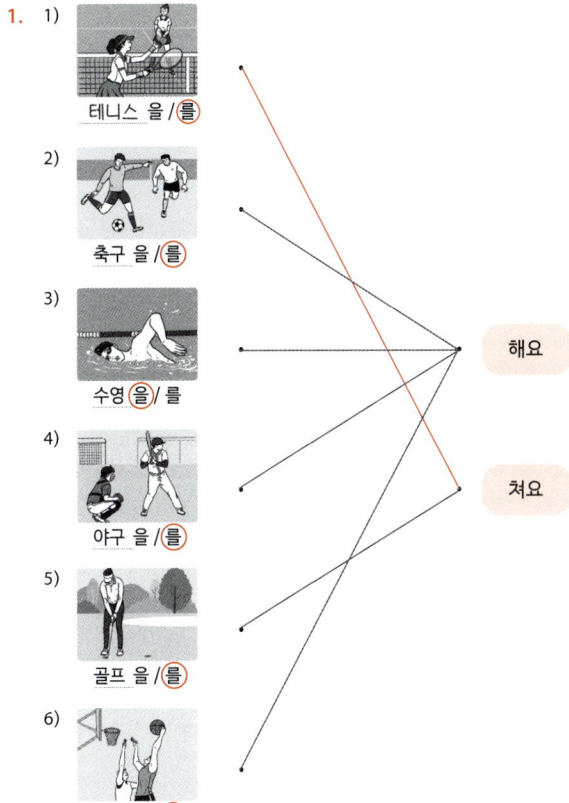

2. 2) 시험이 끝나요   3) 여행할 거예요
   4) 캠핑을 할 거예요

3. 예
   1) 제주도에서 여행할 거예요
   2) 한 시에 수업이 끝나요
   3) 주말에 보통 친구하고 농구를 해요

문법과 표현 ❸ 동-고   p. 148

1.

	-고		-고
보다	보고	먹다	먹고
치다	치고	읽다	읽고
마시다	마시고	청소하다	청소하고
끝나다	끝나고	샤워하다	샤워하고
배우다	배우고	운동하다	운동하고

2. 2) 책을 읽고 자요
   3) 운동하고 샤워해요
   4) 친구를 만나고 집에 가요

3. 2) 친절하고 정말 재미있어요
   3) 부산 여행도 하고 아르바이트도 할 거예요
   4) 나나 씨는 노래하고 제니 씨는 사진을 찍어요

4. 예
   1) 밥을 먹고 숙제할 거예요
   2) 커피를 마시고 이를 닦아요
   3) 친구하고 쇼핑하고 노래방에 가요

문법과 표현 ❹ 동형-았어요/었어요   p. 150

1.

동	-았어요/었어요	형	-았어요/었어요
가다	갔어요	싸다	쌌어요
사다	샀어요	비싸다	비쌌어요
오다	왔어요	좋다	좋았어요
만나다	만났어요	싫다	싫었어요
읽다	읽었어요	많다	많았어요
입다	입었어요	적다	적었어요
먹다	먹었어요	재미있다	재미있었어요
쉬다	쉬었어요	재미없다	재미없었어요
치다	쳤어요	맛있다	맛있었어요
마시다	마셨어요	맛없다	맛없었어요
말하다	말했어요	똑똑하다	똑똑했어요
공부하다	공부했어요	깨끗하다	깨끗했어요
좋아하다	좋아했어요	피곤하다	피곤했어요

명	였어요/이었어요	명	였어요/이었어요
가수	가수였어요	회사원	회사원이었어요
배우	배우였어요	도서관	도서관이었어요
학교	학교였어요	일요일	일요일이었어요

2. 2) 경복궁에서 사진을 찍었어요
   3) 어제였어요
   4) 책을 읽고 공원에서 산책했어요

3. 예
   1) 5월 28일에 한국에 왔어요.
   2) 어제 수업이 끝나고 친구하고 같이 식당에 갔어요.
   3) 금요일 저녁에 홍대에서 쇼핑했어요.

8. 날씨

8-1. 오늘 날씨가 어때요?

어휘 p. 154

1.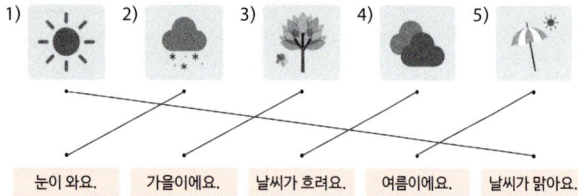
   눈이 와요. / 가을이에요. / 날씨가 흐려요. / 여름이에요. / 날씨가 맑아요.

2. 2) 비가 와요   3) 따뜻해요
   4) 시원해요

3. 2) 눈이 왔어요   3) 바람이 불었어요
   4) 맑았어요

4. 예
   1) 저는 봄을 좋아해요
   2) 요즘 고향은 맑고 따뜻해요
   3) 춥고 눈이 많이 와요

문법과 표현 ❶ (같이) 동-아요/어요   p. 156

1. 2) 같이 커피를 마셔요
   3) 같이 공원에서 산책해요
   4) 같이 테니스를 쳐요
   5) 같이 밥을 먹어요

2. 2) 같이 요리를 배워요
   3) 우리 같이 숙제해요
   4) 같이 인사동에 가요

문법과 표현 ❷ 동-(으)ㄹ까요?   p. 158

1.
	-(으)ㄹ까요?		-(으)ㄹ까요?
가다	갈까요?	먹다	먹을까요?
쉬다	쉴까요?	읽다	읽을까요?
치다	칠까요?	앉다	앉을까요?
마시다	마실까요?	노래하다	노래할까요?
만나다	만날까요?	청소하다	청소할까요?
배우다	배울까요?	운동하다	운동할까요?

2. 2) 우리 같이 커피를 마실까요
   3) 우리 영화를 볼까요
   4) 우리 등산할까요

3. 2) 만날까요   3) 먹을까요   4) 갈까요

4. 예
   1) 미안해요. 오늘 약속이 있어요
   2) 같이 공원에 가요
   3) 같이 카페에서 숙제할까요, 같이 숙제해요

8-2. 토요일에는 비가 오고 조금 추워요

어휘 p. 160

1. 1)  — ③ 맵다
   2)  — ① 귀엽다
   3) 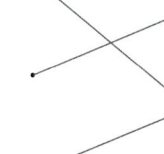 — ② 무섭다

2. 1) 무겁다   2) 가볍다   3) 춥다   4) 덥다
   5) 어렵다   6) 쉽다

3. 1) ☐ 어렵다   ☐ 쉽다   ☑ 맵다
   2) ☐ 맵다   ☑ 귀엽다   ☐ 맛있다
   3)  ☑ 춥다   ☐ 무겁다   ☐ 비싸다
   4) ☐ 무섭다   ☑ 맛없다   ☐ 재미없다

4. 2) 가볍고　　3) 안 맵고　　4) 안 무섭고

문법과 표현 ❸ 'ㅂ' 불규칙　　p. 162

1.

	-아요/어요	-았어요/었어요	-고
덥다	더워요	더웠어요	덥고
춥다	추워요	추웠어요	춥고
맵다	매워요	매웠어요	맵고
쉽다	쉬워요	쉬웠어요	쉽고
어렵다	어려워요	어려웠어요	어렵고
무겁다	무거워요	무거웠어요	무겁고
가볍다	가벼워요	가벼웠어요	가볍고
무섭다	무서워요	무서웠어요	무섭고
귀엽다	귀여워요	귀여웠어요	귀엽고

2. 2) 무서워요　　3) 가벼워요　　4) 어려워요

3. 2) 무거워요　　3) 귀여워요　　4) 무서웠어요
　 5) 매워요, 매워요

4. 예
　 1) 비가 많이 오고 더워요
　 2) 조금 어려워요

문법과 표현 ❹ 못 동　　p. 164

1. 2) 못 가요　　　　3) 못 쳐요
　 4) 전화 못 해요　　5) 등산 못 해요

2. 2) 안　　3) 못
　 4) 안

3. 2) 못 만났어요　　3) 못 쉬었어요
　 4) 산책 못 했어요　5) 못 읽었어요

4. 예
　 1) 아니요. 못 쳐요. 테니스를 안 배웠어요
　 2) 떡볶이를 못 먹어요. 너무 매워요
　 3) 아니요. 못 쉬었어요. 숙제가 아주 많았어요

복습 4

어휘　　p. 167

1. ②　　2. ①　　3. ③
4. ④　　5. ③

문법과 표현　　p. 168

1. 열 시　　2. 운동하고　　3. 숙제했어요
4. 마실까요　　5. 전화 못 해요
6. 주말에 테니스를 칠 거예요
7. 내일 두 시에 학교 앞에서 만날까요
8. 수업이 끝나고 친구하고 테니스를 쳤어요
9. 무서웠어요
10. 시험이 끝나고 인사동에 갔어요
11. 시험이 언제부터 언제까지예요
12. 요즘 고향은 날씨가 어때요

듣기　　p. 170

1. ②　　2. ④　　3. ②
4. ①　　5. ④　　6. ①
7. ③　　8. ④　　9. ②
10. ③　　11. ②　　12. ④
13. ④　　14. ②　　15. ③

읽기　　p. 172

1. ②　　2. ③　　3. ③
4. ④　　5. ①　　6. ②
7. ③　　8. ④　　9. ③
10. ④　　11. ④　　12. ②
13. ①　　14. ②　　15. ①

말하기　　p. 177

1. 예
　 1) 열두 시 이십 분이에요.
　 2) 열한 시쯤에 잤어요.
　 3) 두 시부터 세 시까지 해요.
　 4) 8월 15일부터 방학이에요.
　 5) 시험이 끝나고 친구하고 쇼핑할 거예요.
　 6) 청소하고 쉬어요.
　 7) 도서관에서 책을 읽었어요.
　 8) 공원에서 산책하고 집에서 요리했어요.
　 9) 다음 주 금요일에 해요.
　 10) 집 옆 공원에서 산책해요.
　 11) 미안해요. 저는 테니스를 못 쳐요.
　 12) 좋아요. 어디에서 만날까요?
　 13) 아니요. 가벼워요.
　 14) 조금 매워요.
　 15) 아니요. 산에 못 가요. 내일 시험이 있어요.
　 16) 아니요. 운전 못 해요.

집필진 Authors

장소원
Chang Sowon
- 서울대학교 국어국문학과 교수
  Seoul National University Professor at the Department of Korean Language & Literature
- 파리 5대학교 언어학 박사
  Ph.D. in Linguistics, University of Paris 5

김수영
Kim Sooyoung
- 서울대학교 언어교육원 대우교수
  Seoul National University LEI Professor
- 한국외국어대학교 프랑스어학 박사
  Ph.D. in French Linguistics, Hankuk University of Foreign Studies

김미숙
Kim Misook
- 서울대학교 언어교육원 대우전임강사
  Seoul National University LEI Full-time Instructor
- 이화여자대학교 한국학 박사(한국어교육)
  Ph.D. in Korean Studies (Teaching Korean as a Foreign Language), Ewha Womans University

백승주
Baek Seungjoo
- 서울대학교 언어교육원 대우전임강사
  Seoul National University LEI Full-time Instructor
- 이화여자대학교 한국학 박사(한국어교육)
  Ph.D. in Korean Studies (Teaching Korean as a Foreign Language), Ewha Womans University

번역 Translator

이수잔소명
Lee Susan Somyung
- 통번역가
  Translator & Interpreter
- 서울대학교 한국어교육학 석사
  M.A. in Korean Language Education as a Foreign Language, Seoul National University

번역 감수 Translation Supervisor

손성옥
Sohn Sung-Ock
- UCLA 아시아언어문화학과 교수
  UCLA Professor at the Department of Asian Languages & Cultures

감수 Supervisor

김은애
Kim Eun Ae
- 전 서울대학교 언어교육원 대우교수
  Former Seoul National University LEI Professor

자문 Consultants

한재영
Han Jae Young
- 한신대학교 명예교수
  Hanshin University Honorary Professor

최은규
Choi Eunkyu
- 전 서울대학교 언어교육원 대우교수
  Former Seoul National University LEI Professor

도와주신 분들 Contributing Staff

- 디자인 Design (주)이츠북스 ITSBOOKS
- 삽화 Illustration (주)예성크리에이티브 YESUNG Creative
- 녹음 Recording 미디어리더 Media Leader

서울대 한국어+
Workbook 1A

초판 1쇄 발행 2022년 10월 10일
초판 6쇄 발행 2025년 9월 5일

지은이	서울대학교 언어교육원
펴낸곳	서울대학교출판문화원
주소	08826 서울 관악구 관악로 1
도서주문	02-889-4424, 02-880-7995
홈페이지	www.snupress.com
페이스북	@snupress1947
인스타그램	@snupress
이메일	snubook@snu.ac.kr
출판등록	제15-3호

ISBN 978-89-521-3119-5 04710
　　　 978-89-521-3116-4 (세트)

ⓒ 서울대학교 산학협력단 · 2022

이 책과 음원은 저작권법에 의해서 보호를 받는 저작물이므로
무단 전재와 복제를 금합니다.

Written by Language Education Institute, Seoul National University
Published by Seoul National University Press

Copyright ⓒ Seoul National University R&DB Foundation 2022

All rights reserved. No part of this publication may be reproduced in any form
without the written permission from publisher.